KB067586

# 이장우의 **브랜드**

이장우의 브랜드

초판 1쇄 발행_ 2021년 4월 9일

지은이_ 이장우
펴낸이_ 이성수
주간_ 김미성
편집장_ 황영선
편집_ 이경은, 이홍우, 이효주
디자인_ 신솔, 진혜리
마케팅_ 김현관

펴낸곳_ 올림
주소_ 04117 서울시 마포구 마포대로21길 46, 2층
등록_ 2000년 3월 30일 제300-2000-192호(구:제20-183호.)
전화_ 02-720-3131
팩스_ 02-6499-0898
이메일_ pom4u@naver.com
홈페이지_ http://cafe.naver.com/ollimbooks

ISBN 979-11-6262-045-8 03320

# 가볍게 풀어낸 브랜드 달인의 40년 내공

펭수 이케아 BTS 씨크릿우먼 티파니앤코 BBQ 빙그레 더사다 아웃도어시 마켓컬리 버켓핏 코리아나 그립 칙필레 세라젬 엘오엘서프라이즈 에어비앤비 역서사소 고잉메리 1865와인 드비어스 크리스찬루부탱 커넥츠공부서점 베트멍 브루클린브루어리 1990년대생 몽블랑 까스텔바작 슈프림 곰표 신사임당주언규 롱거버거 빅토리아씨크릿 출판사박대리 남이섬 이니스프리 버거킹 클럽하우스 오뚜기해적선 이노센트드링크 움프쿠아은행 노드스트롬백화점 입짧은햇님 조니컵케이크 디젤 페이리스 3M 발뮤다 프릳츠 써켄싱턴케첩 자포스 와비파커 펭귄북스 미코하라 룰루레몬 블루보틀

이장우의

배달의민족 띵굴마켓 캐스퍼 스토리스토어 브롬튼 블랭크코퍼레이션 스웰 몰스킨 무인양품 리델 메소드 라파브리카델라파스타 넷플릭스 텐화점 브루독 프라이탁 모노클 아틀란티스책방 테이크호텔 펭수 이케아 씨크릿우먼 BTS 티파니앤코 BBQ 빙그레 더사다 아웃도어시 마켓컬리 버켓핏 코리아나 그립 칙필레 세라젬 엘오엘서프라이즈 에어비앤비 역서사소 고잉메리 1865와인 드비어스 크리스찬루부탱 커넥츠공부서점 베트멍 브루클린브루어리 1990년대생 몽블랑 까스텔바작 슈프림 곰표 신사임당주언규 롱거버거 빅토리아씨크릿 출판사박대리 남이섬 이니스프리 버거킹 클럽하우스

# 브랜드

을유문화사

# 왜 브랜드 스토리인가

가만히 있어도 고객이 알아서 대신 마케팅을 해준다면 기업 입장에서는 얼마나 좋을까? 이상적인 이야기라고? 이미 그런 시대가 열렸다. 고객이 기업을 위해 마케팅을 해주는 시대가 온 것이다.

브랜드의 주도권은 이미 기업이 아닌 소비자에게 넘어갔다. 소셜미디어가 활발해지면서 이러한 추세는 더욱 강력해지고 있다. 인스타그래머블(instagramable)이라는 말이 나올 정도로, 인스타그램에 올릴 만한 정보나 콘텐츠가 중요해졌다. 필요에 의해 구매했던 과거와 달리, 탐색하며 즐기는 쇼핑으로 소비의 양상이 달라지고 있는 것이다.

브랜드 컬트는 소비자 스스로 새로운 소비자를 만들어갈 때 생기는 것이다. 소비자들이 스스로 선택한 브랜드에 대한 신뢰는 결코 쉽게 무너지지 않으며, 소비자들은 자신이 애정을 느끼는 브랜드라면 직접 마케팅에 나서기도 한다. 소셜미디어를 통해 기꺼이 브랜드 홍보대사가 되어 자발적인 마케팅을 하기도 한다. 하지만 소셜미디어는 하나의 플랫폼에 불과하다. 즉, 단순히 소셜미디어를 사용하고 있다고 해서 소비자들이 기업의 브랜드를 마케팅해주고 있는 것은 아니다. 소셜시대가 도래하고 수많은 기업들이 소셜미디어에 주목하고 노력을 기울인 데 비해 흡족한 성과를 얻지 못한 까닭도 여기에 있다. 플랫폼에 불과한 소셜미디어에만 주목할 뿐, 그 속에서 소비자들이 무엇을 이야기하고 공유하고 있는지를 제대로 보지 못한 것이다. 우리가 놓치고 있었던 그 속에는 살아 있는 브랜드 스토리가 있다. 소비자들은 소셜미디어 속에서 끊임없이 브랜드 스토리를 이야기하고, 이는 브랜드 마케팅에 큰 영향을 미친다. 브랜드 스토리의 주인공은 브랜드이기도 하지만, 브랜드 스토리를 널리 퍼뜨리고 확산하는 진짜 주인공은 소비자와 고객이기 때문이다.

브랜드 파워를 쌓고 키워나가고 싶어 하지 않는 기업이나 조직이 있을까? 브랜드를 가진 기업, 개인, 도시, 국가, 모두가 최고의 브랜드를 만들고 싶어 한다. 수없이 쏟아지는 광고와 캠페인이 이를 증명해주고 있다. 하지만 과연 브랜드와 마케팅에 투자한 만큼 효과를 거두고 있는지는 의문이다. 막대한 투자에도 불구하고 쇠락하고 몰락하는 브랜드는 늘 존재한다.

과연 대성하는 브랜드와 몰락하는 브랜드의 근본적인 차이는 어디에서 생기는 것일까?

나는 1982년도 3M에 입사하여 당시 한국에서는 생소한 신생 브랜드였던 3M을 키웠고, 그 후에는 3M에서 분사된 글로벌 브랜드 이메이션(Imation)을 5년 만에 자리 잡게 만들었다. 2009년부터는 'Idea Doctor 이장우 박사'라는 개인 브랜드를 바탕으로 브랜드 코치로 일하면서 많은 브랜드의 브랜드 전략, 리브랜딩(rebranding), 마케팅, 이커머스(e-commerce) 마케팅, 앱(app) 마케팅, 브랜드 홍보, 신제품 개발, 신제품 론칭 등 다양한 프로젝트를 경험했다. 40년 가까이 패션, 외식, 커피, 치즈, 의약품, 의료기기, IT, 인공지능, 인재소싱, 교육, 출판, 담배, 화장품, 향수, 자동차용품, 슈즈 등등 다양한 분야의 일을 하며 그 속에서 브랜드 성공 요인들을 배우고 느껴왔다.

일을 하면서 깨닫게 된 가장 중요한 사실은, 브랜드가 조직과 기업의 미래와 운명을 가르게 된다는 점이다. 결정적인 승패의 요인 한가운데는 언제나 브랜드 스토리가 있다. 브랜드 스토리가 담긴 브랜드는 경쟁에서 우위를 점하고 고객의 마음을 선점할 수 있다. 브랜드 스토리야말로 브랜드의 성공을 결정하는 중요한 요인인 것이다. 이는 한국은 물론 전 세계의 일류 브랜드들에서 공통적으로 나타난다. 브랜드 스토리가 담겨 있는 브랜드일수록 오래 기억되고 경쟁에서 앞서간다. 그렇다면 과연 어떤 스토리로 경쟁해야 할까?

당연한 이야기지만, 무엇보다도 소비자들이 좋아하는 스토리가 인기를 얻는다. 프랑스 와인을 보자. 왜 많은 와인 애호가들이 프랑스 와인에 열광할까? 와인 자체도 중요하지만, 프랑스 와이너리에 담긴 스토리도 한몫을 했다. 한국에서도 인기를 끌었던 「신의 물방울」이라는 일본 만화를 기억하는가. 소믈리에를 꿈꾸는 평범한 주인공이 와인을 알아가는 과정에서 겪는 다양한 경험과 더불어 실제 와인이 대거 등장하는 만화이다. '와인 초보자들의 교본'이라고도 불리는 이 만화는 프랑스 와인에 대한 소비자들의 마음에 불을 지폈다. 스토리의 파장은 거대한 것이다.

이장우

# 목차

# 2부 브랜드는 매력이다 브랜드 스토리의 7가지 매력

# 1부 스토리는 힘이 세다

## 브랜드 스토리 성공 10계명

# 펭수와 뽀로로의 결정적 차이

성공한 브랜드 스토리란 어떤 것일까? 소비자들이 브랜드에 대해 이야기하고, 다른 사람에게 전달하는 것일까? 물론 소비자들이 전달하는 이야기가 브랜드 스토리의 중요한 요소인 것은 사실이다. 그러나 단발성으로 끝나는 것이 아니라 계속하여 이야깃거리가 만들어지는 것이야말로 성공의 필수 조건이다.

이상적인 브랜드 스토리는 이야기에 그쳐서는 안 된다. 말장난 같아 보이겠지만, '이야기'가 아니라 '이야깃거리'가 되어야만 진정한 브랜드 스토리가 되는 것이다.

2019년에 BTS(방탄소년단)보다 더 인기를 끈 것이 있다. 바로 '펭수'이다. 2030세대들에게 선풍적인 인기를 끌며 '펭수 신드롬'을 일으켰다.

펭수는 EBS의 TV 프로그램과 유튜브 '자이언트 펭TV'를 통해 등장했다. 키 210cm의 펭귄 인형 캐릭터인데, 그 인기가 어마어마하다. 보

건복지부, 외교부 등의 정부기관, LG생활건강, 스파오, 정관장 등의 기업은 물론, 경쟁 관계라고 할 수 있는 타 방송사의 러브콜까지 받고 있다. 많은 기업들이 펭수와 함께 일하고 싶어 줄을 서는 상황이다. 카카오톡 이모티콘에 등장한 펭수는 대부분의 대화창에서 사용되고 있을 정도로 큰 인기를 얻고 있고, 펭수의 에세이 다이어리는 예약판매 개시 3시간 만에 1만 부가 팔렸다. '펭수산업'이라는 말이 나올 정도다.

무엇이 이토록 펭수에 열광하게 하는 것일까. 흥미로운 것은, 지금까지 인기를 얻었던 캐릭터들과 펭수는 조금 다르다는 점이다. 대부분 스토리가 먼저 존재하고, 그 속에 등장하는 캐릭터에 관심을 두기 마련이다. 스토리에는 보통 기승전결이 있고, 현실과는 다른 새로운 이야기가 펼쳐진다. 가상의 환경 속에 등장하는 가상의 존재인 캐릭터에 사람들이 열광하는 것이다. 펭수와 같은 펭귄 캐릭터로 인기를 누렸던 '뽀로로'라는 브랜드가 바로 이에 해당한다.

눈 속 마을에 사는 펭귄인 뽀로로는 2003년 EBS를 통해 처음 소개되어 지금까지도 어린아이들에게 인기를 얻고 있는 캐릭터이다. 하지만 펭수는 뽀로로와는 다르다. 뽀로로는 '뽀롱뽀롱 뽀로로'라는 시즌 단위

애니메이션 속 주인공이다. 애니메이션은 매회 다른 에피소드를 소개하며, 그 속에서 뽀로로는 다른 캐릭터들과 함께 모험을 하고, 놀기도 하며 살아간다. 뽀로로는 애니메이션 속에서 살고 있는 캐릭터인 것이다.

펭수는 다르다. 유튜브와 방송 채널을 통해 등장하는 펭수는 살아 있는 사람들과 만나며 '현실' 속에서 살아가고 있다. 성은 남극 펭 씨에 이름은 빼어날 수(秀), 고향 남극에서 남극유치원을 졸업한 후 BTS를 보고 우주 대스타가 되기 위해 한국으로 왔다는 11살의 펭귄이다. 대스타가 되기 위해 스위스에서 요들송을 배웠고, 프리스타일 랩과 비트박스를 연습하며 EBS의 연습생이 되었다는 펭수는 현재 EBS와 유튜브를 비롯하여 다양한 TV 프로그램에 출연하고 있다.

이처럼 펭수는 어떤 가상의 스토리가 아니라 우리가 치열하게 살고 있는 현재를 같이 살아가는 캐릭터인 것이다. 말솜씨는 거침이 없다. EBS 연습생임에도 불구하고 EBS 사장 이름을 직접 언급하는데, 존칭 없이 그저 '김명중'이라고 부른다. 수직적인 조직 체계도 무시하여 선배 캐릭터들과 함께하는 방송에서도 선배 노릇을 하려는 다른 캐릭터들에게 반항하며 절대 굴복하지 않는다.

이런 점들이 2030세대에게 공감을 일으켰다. 자신을 사랑하고 아끼라는 이야기, 틀에 박힌 위로의 말이 아니라 어쩌면 병맛(맥락없고 어이없음) 같지만, 오히려 너무도 현실적이어서 더 공감을 얻기에 충분했던 것이다.

펭수의 인기는 당분간 지속될 것으로 예상된다. 스토리 속의 캐릭터들은 새로운 스토리가 만들어지지 않으면 잊혀지기 마련이고, 지속성을 갖기 어렵다. 하지만 펭수는 현실 사회에서 함께 살고 있기 때문에 그 스토리가 계속 만들어진다. 사람이 인생을 살아가면서 자신만의 일대기가 그려지듯, 펭수도 마찬가지다.

물론 리얼리티가 주는 장점과 함께 단점도 있다. 비슷한 일상이 반복되면 지루함을 느끼게 되는 것이다. 펭수를 제작하는 입장에서는 언제든 위험요소가 발생할 수 있고, 이를 사전에 통제하기가 어렵다는 단점이 있다. 때문에 펭수가 앞으로 어떤 콘텐츠를 만들어내고, 어떻게 활동할 수 있을지 고민할 필요가 있을 것이다.

2020년 9월에는 펭수를 국정감사 참고인으로 소환하는 일도 벌어졌다. 많은 논란이 있었지만 EBS는 "자칫 국정감사 출석으로 인해 펭수를 펭수답게 하는 세계관과 캐릭터의 신비감에 손상을 줄 것을 우려하는 콘텐츠 전문가들과 시청자들의 의견이 다수 접수된 바 있다. 펭수 캐릭터의 향후 국내외 경쟁력 확보를 위해 세계관의 일관성과 신비감이 지켜져야 하는 점을 이해해달라"는 불출석 사유서를 제출했고, 펭수는 국정감사에 출석하지 않았다. 다행히 펭수의 신비감을 지킬 수 있게 된 것이다. 이것도 하나의 새로운 스토리다.

앞으로 다양한 펭수 콘텐츠들이 만들어진다면 더 많은 스토리가 생겨날 것이다. 이것이야말로 끊임없이 이야깃거리를 만들어주는 진정한 브랜드 스토리라 할 수 있다. 이러한 전략이 우리 기업들에게 필요하다.

한국 기업들, 특히 프랜차이즈 기업들이 계속 해외 진출을 도모하고 있지만, 성공보다는 실패 사례가 많은 것이 현실이다. 여기에는 브랜드보다는 제품 위주로 급하게 시장에 진입하려 했던 문제가 있었다. 해외 시장은 국내 시장보다 훨씬 더 경쟁이 치열하다. 선점 업체와의 싸

움에 수백 배의 노력이 필요하다. 브랜드의 인지
도와 명성이 있다 할지라도 힘든 것은 마찬가지인
데, 시장 진입이 쉽지 않은 현실에서 제품만으로
경쟁하려면 오랜 시간이 필요하고, 이를 성공시키
는 것은 더더욱 힘든 것이다. 이때 브랜드 스토리
가 먼저 시장을 장악한다면 성공 가능성을 높일
수 있다. 이케아(IKEA)는 한국 시장 진출 이전에 이
미 스토리가 먼저 진출한 좋은 사례이다.

　소비자들은 제품이나 브랜드뿐만 아니라 브랜
드 스토리를 소비한다. 필자가 지금까지 만나온
여러 기업의 회장이나 창업자들은 브랜드 스토리
에 상당히 높은 관심을 가지고 있었고, 세상에서 가장 멋진 브랜드 스
토리를 갖고 싶어 했다.

　헤어웨어라는 새로운 패션 카테고리를 만들어 바람을 일으킨 씨크
릿우먼의 김영휴 회장(「여자를 위한 사장 수업」 저자)은 브랜드 스토리를
만들고 싶어 3년 동안이나 작가, 소설가 등을 찾아다니다 필자와 연결
되어 브랜드 스토리 플레이북을 만들게 되었다. 김 회장은 자신의 제품
을 '가발'이라는 패션 아이템의 일부로 두지 않고, '헤어웨어'라는 패션
카테고리로 확장시켰다. 자연히 새로운 헤어웨어에 대한 스토리가 만
들어졌고, 이를 브랜드로 연결시키기를 원했다. 분명 새로운 스토리인
데, 이를 구체화시키고 콘텐츠로 만들어내는 것이 쉽지는 않았다.

　스토리를 그저 이야기라고만 생각했던 김 회장은 자연히 작가나 소설

가를 찾게 된 것이다. 하지만 그들이 만들어낸 이야기는 정말 '이야기'일 뿐이었다. 브랜드와의 연결도, 공감도 없으니 브랜드 스토리가 될 수 없었다. 이에 필자는 우선적으로 브랜드 스토리 플레이북을 기반으로 기업과 시장에 퍼져 있는 브랜드와 관련된 스토리를 모으는 작업을 했다. 고객들의 이야기, 가발에 대한 이야기, 씨크릿우먼의 직원들 이야기까지. 그리고 모인 자료를 바탕으로 어떤 스토리를 설계할 것인지를 구상했다. 이후 계획에 맞추어 모아둔 자료를 전략적으로 체계화할 수 있었다. 어쩌면 필자가 브랜드 스토리에 대한 매뉴얼을 만들 수 있었던 것도 씨크릿우먼과 함께 브랜드 스토리를 고민하고 만들어갔기 때문이다.

씨크릿우먼은 지속적으로 다양한 브랜드 스토리를 활용하고 있다. 김회장 자신의 이야기, 아름다움에 관한 보통 여성들의 이야기, 고객들의 이야기와 직원들의 이야기까지, 이 모든 것들을 활용하며 확대해가는 씨크릿우먼은 진정으로 스토리를 사랑하는 브랜드라고 할 수 있다.

대부분의 기업들은 브랜드 스토리를 원하지만 정작 이를 만들고 확산시키는 데는 미숙한 점이 많다. 재미있는 것은, 이러한 상황 속에서도 브랜드 스토리로 성공한 경쟁자들은 시장을 이미 장악하고 있다는 점이다. 그렇다면 과연 어떻게 브랜드 스토리를 만들어낼 수 있을까? 지금이라도 당장 유명한 작가와 소설가를 만나야 할까? 어떤 전략이 필요한 것일까?

맨땅에 헤딩하는 기분으로 브랜드 스토리를 꿈꾸는 수많은 기업들을 위해 브랜드 스토리 10계명을 소개하고자 한다. 이 10계명이 전부라고 할 수는 없지만, 적어도 막연한 상황을 타개할 실마리는 충분히 제공해줄 수 있으리라 생각한다.

# 01
# 스토리가 아니라
# 스토리의 '공유'에 주목하라

스토리텔링은 스토리(story)와 텔링 (telling)의 합성어로, 말 그대로 '이야기하기'라는 의미를 지닌다. 이는 소통이라기보다는 일방적으로 전달하는 것에 불과하기 때문에 마케팅 차원에서 스토리를 활용해도 성공률이 미미했다. 단순히 기업이 하고 자 하는 이야기를 고객들에게 전달하는, 기능적인 스토리텔링에 의존했기 때문이다.

브랜드 스토리는 이야기를 전달하는 단순한 1차적 커뮤니케이션의 차원을 넘어 브랜드에 대한 공감을 일으키는 감성적 연결고리의 역할을 해야 한다. 스토리셰어링(story-sharing)이 되어야 하는 것이다.

기업은 브랜드 스토리를 만들어내고, 이를 소비자들과 공유하며 지속적으로 키워나가야 한다. '세상에 내놓기만 하면 소비자들이 알아서 이야기해주겠지' 하는 착각에서 빠져나와야 한다. 이를 위해서는 무엇보다 브랜드 스토리를 마케팅의 중심에 두어야 한다. 더 이상 브랜드 스토리를 단순히 홍보수단의 일환으로 여겨서는 안 된다는 이야기다.

브랜드 스토리 자체는 절대 홍보나 광고가 아니다. 물론 브랜드 스토리가 광고 전략, 홍보 전략 등 마케팅 커뮤니케이션 전략과 연계되어 진행될 때 더 큰 효과를 기대할 수 있음은 분명하지만, 이는 브랜드 스토리가 공유될 수 있도록 하는 아주 작은 양념에 불과하다. 이를 통해서 많은 소비자들이 브랜드 스토리를 이야기하고 공유하면서 전달하고 다시 재생산되는 선순환 구조가 이루어지는 것이 좋다.

이제는 호모 나랜스(Homo Narrans)의 시대이다. 호모 나랜스는 '이야기하는 사람'이라는 뜻의 라틴어이다. 미국 캘리포니아대학 교수인 영문학자 존 닐(John D. Niles)이 1999년 자신의 저서 「호모 나랜스」에서 처음 사용한 용어로, 단순히 정보를 전달하는 것이 아니라 이야기를 나누고 대화하는 사람들을 가리킨다. 호모 나랜스는 특히 디지털 공간에서 더욱 활발하게 활동하는데, SNS를 통해 공유하기 위해 새로운 이야깃거리를 찾아다니는 지금의 소비자들의 모습이기도 하다. 이들은 스토리슈머(storysumer)로도 불리는데, 이는 이야기(story)와 소비자(consumer)의 합성어이다. 스토리슈머들은 대체로 인스타그램, 페이스북, 카카오스토리, 유튜브, 틱톡, 블로그 등에 글과 사진을 올리고 공유하는 데 익숙하며, 이러한 활동에 큰 가치를 부여한다. 자연히 스토리의 중요성을 누구보다 잘 알고 즐기는 사람이기도 하다.

요즘 자주 활용되는 PPL은 남의 스토리에 업혀 가는 방법이라고 할 수 있을 것이다. 몇 가지 사례를 소개한다.

## 방탄소년단, 스토리의 힘을 보여주다

스토리의 중요성은 현재 국내를 넘어 세계적으로 인기를 얻고 있는 아이돌 그룹 방탄소년단만 보아도 알 수 있다. 2019년 빌보드 뮤직 어워드에서 '톱 소셜 아티스트상'과 '톱 듀오/그룹상'을 받았는데, 이는 한국 가수 최초로 본상을 수상하고 2관왕에 오른 기록이었다. 2020년에는 한국 가수 최초로 빌보드 싱글 1위를 기록하기도 했다. 방탄소년단의 이러한 성공에는 스토리의 힘이 크게 작용했다. 방탄소년단은 2015년 화양연화라는 이름으로 2장의 앨범을 발매한다. 가수들이 앨범에 새로운 이야기나 콘셉트를 담는 것은 흔한 일이다. 그러나 방탄소년단은 '화양연화'라는 세계관을 토대로 웹툰, 뮤직비디오, 음악, 책 등의 콘텐츠를 만들어낸다. 단순한 짧은 스토리가 아니라 7명 멤버별 스토리와, 인생의 가장 아름다운 순간을 뜻하는 화양연화를 바탕으로 청춘에 대해 이야기한다.

이야기를 들려주는 방법도 다양하다. 앨범 발매 전에 멤버들을 주인공으로 한 가상의 스토리를 담은 웹툰이 먼저 공개된다. 물론 웹툰의 스토리는 앨범 속 노래와 연결되고, 화양연화라는 세계관과도 연관이 있다. 다음으로는 뮤직비디오 속 스토리로 연결된다. 각기 다른 이야기를 하고 있는 듯 보이지만, 청춘의 방황과 아름다움에 관한 스토리를 전달하고자 하는 것이다. 10대와 20대의 아름답지만 불안한 청춘들의 이야기에 비슷한 연령대의 팬들은 공감했다. 다른 아이돌 그룹과는 달리 방탄소년단 멤버들은 '화양연화'라는 또 다른 이야기 속 주인공들로 팬들의 사랑을 받았다. 마치 드라마 속 배역처럼 말이다. 그리고 이런 스토리들은 계속 이어지면서 인기를 이어가는 중요한 요인으로 작용한다. 이러한 스토리가 방탄소년단이 국내를 넘어 세계적으로 인기를 얻은 원동력이 되었다고 할 수 있다.

## 티파니, 다양한 전략을 구사한 PPL의 원조

미국 주얼리 브랜드인 티파니앤코(Tiffany & Co). 특이하게도 많은 소비자들은 티파니를 특정 제품보다는 민트색 상자로 기억한다. 여성들의 로망이 된 티파니를 대표하는 민트색의 정식 명칭은 '1837 블루'이다. 이는 티파니를 한눈에 알아보기 쉽고 언제든 동일한 색을 유지할 수 있도록 팬톤 매칭 시스템을 통해 표준화된 컬러명이다. 티파니만의 커스텀 컬러인 '1837 블루'는 여성들의 로망이 되었고, 하나의 아이콘이 되었다. 지금까지도 남성들이 프러포즈에 성공하려면 민트색 상자를 건네주어야 한다는 말이 있을 정도로 티파니는 여성들에게 그 자체로 로망이다. 이는 경제학자 마틴 린드스트롬이 600여 명의 여성을 대상으로 한 실제 연구에서도 증명되었다. 티파니의 민트색을 본 여성들의 심장박동수가 22% 상승했다는 것이다.

그렇다면 티파니는 어떻게 여성의 로망으로 자리매김할 수 있었을까? 1837년 뉴욕 맨해튼 브로드웨이에서 문을 열었을 때만 해도 티파니는 팬시용품 매장이었다. 후에 아시아산 골동품과 프랑스산 보석을 수입, 판매하면서 주얼리 브랜드로 변신한 것이다.

놀라운 것은 티파니가 펼친 다양한 브랜드 스토리 전략들이다. 티파니는 미국 최초로 카탈로그를 제작하여 주문을 받았다. '블루 북(Blue Book)'이라는 이름의 제품 소개 책자를 자체적으로 제작한 것이다. 뿐만 아니라 1960년부터는 티파니를 영화에 소개하는 PPL 전략을 적극적으로 활용하였다. 특히 영화 「티파니에서 아침을」에서는 티파니가 제목에까지 등장하고, 영화의 주인공인 오드리 헵번이 티파니의 쇼윈도를 바라보는 장면도 연출했다. 티파니를 이야기할 때 그려지는 이미지 중 하나인 이 영화 장면은 오랜 시간 계속하여 소비자들에게 화제가 되었다. 티파니는 제품보다는 티파니를 이미지화하고 스토리화시키며 브랜드를 견고하게 만들어갔다.

## 「사랑의 불시착」의 비비큐치킨, 자연스러운 PPL의 효과

우리나라에서도 PPL은 브랜드에 스토리를 입히기 위해 적극적으로 활용된다. 그러나 억지스럽고 연결성이 없는 PPL은 소비자들의 반감을 사게 되어 오히려 안 하는 것만 못한 상황이 되기도 한다. 이는 스토리텔링을 위해 PPL을 무리하게 활용하느라 반감을 얻게 되는 것이다. 자연스럽게 이야깃거리가 되는 '꺼리'를 만들어주는 것이 바로 브랜드 스토리 전략을 위해 꼭 필요한 스토리셰어링이다.

얼마 전 인기를 얻은 드라마가 있다. 예기치 않은 사고로 북한에 불시착한 여주인공과 그녀를 숨겨주고 지켜주다 사랑하게 되는 북한군 장교 남주인공이 등장하는 「사랑의 불시착」이다. 드라마 초반에는 남한에서 호화로운 생활을 하던 여주인공이 북한에서 생활하는 모습이 등장한다. 음식이나 옷, 헤어스타일 모두 조금은 투박하고 촌스럽지만, 함께 지내는 북한 군인들과 서로 정을 나누며 지낸다. 그리고 다시 남한으로 오게 된 여주인공과 북한 군인들. 북한의 삶과 가장 다른 모습을 보여주기 위한 장치로 치킨이 등장한다. 치킨은 우리에게 너무도 친숙한 음식이다. 사람들이 모여 함께 즐기는 자리에는 언제나 치킨이 등장한다. 비비큐치킨은 이러한 문화와 드라마 속 스토리를 어우러지게 하여 「사랑의 불시착」 제작 지원에 나서며 비비큐치킨 메뉴들을 PPL로 홍보하였다.

국내 드라마에는 다양한 브랜드의 PPL이 등장한다. 극의 흐름을 방해하거나 몰입도를 떨어뜨리지 않는다면 소비자들이나 시청자들은 거부감

을 드러내지 않는다. 비비큐치킨의 PPL이 바로 그랬다. 드라마 속 주인공들이 즐거운 마음으로 함께 모이는 장면이나, 북한 군인 중 한 명이 주인공을 찾기 위해 치킨집 앞을 서성이다 아르바이트를 하게 되는 장면, 그토록 찾던 주인공이 그 치킨집으로 주문 전화를 걸지만, 북한 사람이라는 사실을 들키지 않기 위해 전화기를 내려놓는 장면에서 뜯던 치킨 다리. 그 순간순간 소비자들은 재미와 공감을 느끼며 자연스럽게 비비큐치킨을 주문하게 된다. 당시 드라마가 방영되는 시간이면 비비큐치킨을 주문하고 있다는 인증 글들이 SNS에 많이 올라오곤 했었다. 새로운 소비자 스토리가 이어져가는 것이다.

PPL은 대중에게 브랜드를 알릴 수 있는 매우 훌륭한 방법이다. 중요한 것은, 거부감을 느끼지 않게 하고, 이로 인해 새로운 이야기가 만들어지게 해야 한다는 점이다.

## 빙그레, 세척기와 과자가 우유랑 무슨 관계?

빙그레는 다양한 브랜드 스토리를 지속적으로 선보이고 있는 브랜드이다. 그중 하나는 '바나나맛우유'를 앞세운 친환경 캠페인 스토리 '지구를 지켜 바나나'이다. 이는 오프라인에 설치된 단지 세탁소를 통해 재활용할 수 있는 용기들을 '씻어서 분리배출하자'라는 메시지를 전달하는 캠페인이다. 얼핏 냉장고처럼 보이는 단지 세탁소의 세척 기계는 노란색과 동글동글한 모습이 단지 모양의 바나나맛우유 용기와 비슷하게 생겼다. 사용법은 간단하다. 바나나맛우유 용기의 뚜껑 부분을 제거한 후 용기만 기계 안에 넣으면 식기세척기처럼 자동으로 물이 분사되며 헹궈준다. 간단하지만 기

발한 이 단지 세탁소는 친환경 제품에 관심이 높은 MZ 세대가 SNS를 통해 경험을 공유하면서 이야기가 전파되었다. 체험과 스토리가 함께 어우러지면서 자연스럽게 빙그레가 전하고자 하는 친환경 메시지를 전달할 수 있게 되는 것이다.

빙그레의 브랜드 스토리는 '꽃게랑'을 재해석한 꼬뜨게랑(Côtes Guerang)으로도 계속 만들어진다. 꽃게랑은 꽃게 맛과 모양을 가진 과자로, 1986년에 출시된 장수 브랜드이다. 오래된 브랜드인 만큼 젊은 세대를 신규 고객으로 끌어들여 브랜드 생명력을 지속시킬 전략이 필요했다. 그 방법으로 '꼬뜨게랑'이라는 이름과 꽃게랑 과자 모양을 로고화한 새로운 패션 브랜드를 만들었다. 전혀 상관관계가 없어 오히려 놀라움을 전달하는 효과를 얻었다. 거기에 젊은 세대에게 인기 있는 가수 지코를 모델로 내세우며 브랜드를 명품처럼 보이도록 디자인한 것도 한몫을 했다. 티셔츠, 반팔셔츠, 로브(가운), 선글라스, 미니백 등 의류와 패션 아이템을 한정 판매하였는데, 8천 개가 모두 완판될 정도였다. 아울러 제품을 구입하거나 소식을 접한 소비자들이 그 내용을 자연스럽게 SNS상에서 이야기하고 공유하면서 스토리는 더욱 풍성해졌다. 꼬뜨게랑 자체를 명품 의류 브랜드처럼 취급하는 유머를 받아들이고 B급 감성에 충분히 공감한 것이다.

## 더사다, 스토리를 팔다

더사다는 2003년 설립된 여행 전문기업인 하리카투어의 자회사로 출발했다. 좋은 쇼핑으로 더 많이 이루고 더 많이 구매하도록 한다는 의미를 담은 종합쇼핑사이트이다. 브랜드 네이밍 자체로 스토리가 만들어지는, 명확한 콘셉트가 담긴 브랜드이다. 흥미로운 점은 여행 전문 기업의 자회사이지만 관련 제품만 판매하는 것이 아니라 다양한 카테고리의 상품을 판매하는 종합쇼핑몰이라는 것이다. 오히려 여행은 더사다가 자신들의 브랜드를 설명할 때 활용된다. '쇼핑을 하면 여행이 시작된다', '여행이 쇼핑이다'(#여쇼)는 차별화된 새로운 콘셉트를 자신들의 브랜드 스토리로 활용하는 것이다.

더사다 쇼핑사이트에서는 다양한 제품을 판매하고 있는데, 그중에는 그야말로 스토리를 파는 제품도 있다. 바로 캘리볼이다. 캘리볼은 재미있는 골프가 연상되는, 의미를 담은 12개의 캘리그라피가 들어간 골프공이다. "살아 있네, 널 만날 생각에 심쿵심쿵, 골프싱글 인생벙글, 힘을 내요, 끝까지 나만 봐, 뒷땅도 내땅, 괜찮아, 줄버디! 가즈아, 땡그랑, 나이스버디, 오.잘.공, 투온원펏 OK?" 이렇게 각기 다른 말이 각기

다른 스타일과 디자인의 캘리그라피로 골프공에 담기게 된다. 12개의 유머 넘치는 표현들은 골프를 치면서 자연스럽게 건네는 농담이나 대화들이다. 디자인이 담긴 골프공을 넘어 각각의 스토리가 담겨 있는 것이다. 소비자들은 이러한 스토리를 구매하고, 또 다시 다른 사람에게 그 스토리를 전달하게 된다.

앞으로 등장할 제품들은 이렇듯 스토리가 담겨 자신만의 콘셉트나 차별화 요소를 가지고 있어야 시장에서 살아남을 수 있다. 서로서로 비슷하고 구별하기도 어려운 제품들의 경우 스토리가 또 다른 경쟁력을 만들어주는 것이다.

## 아웃도어시, 미국 캠핑카 공유 플랫폼

2014년 가을, 한 회사의 임원과 마케팅 직원이었던 제프 캐빈스와 제니퍼는 각자 집을 팔고 차량 뒤에 매달 수 있는 캠핑용 트레일러를 샀다. 그리고 캐나다 밴쿠버를 시작으로 미국 워싱턴주를 지나 샌프란시스코까지 8개월 동안 여행에 나섰다. 여행 기간 동안 수많은 캠핑카 주인들과 대화하고 직접 찾아가 다양한 경험과 고민을 들었다. 그리하여 캠핑카를 공유하는 웹사이트를 만들자는 아이디어를 구체화하기로 한다. 이렇게 에어비앤비가 집을 공유하는 플랫폼과 서비스를 제공한 것처럼 캠핑을 위해 캠핑카를 공유할 수 있도록 하는 플랫폼 회사 '아웃도어시(Outdoorsy)'가 탄생하게 된다.

2014년에 설립된 아웃도어시는 세계 최대 캠핑카 공유 플랫폼 회사로 성장한다. 미국, 캐나다, 호주, 프랑스, 영국을 비롯해 전 세계 14개

국 4만 8천여 개 도시에 캠핑카 20만 대를 확보하고 있다. 2021년에는 한국과 일본 등 아시아 시장에도 진출할 계획이다.

코로나19가 길어지면서 간편하게 차박 여행을 원하는 사람들이 늘어나고 있다. 해외여행은 꿈도 못 꾸고, 여행이라는 것 자체를 생각하지도 못하게 되자 많은 사람들이 자연스럽게 거리두기를 할 수 있는 캠핑을 선호하게 된 것이다. 미국의 경우에도 코로나19가 심각해진 2020년 초 미국 전역에서 국립공원들이 문을 닫으며 많은 사람들이 캠핑카 예약을 취소하기 시작했다. 그러나 곧 각종 출입제한이 없어지고 사람들이 자체적으로 사회적 거리두기를 지켜가면서 다시 예약이 급증하기 시작했다. 사람들이 많은 비행기와 호텔을 이용해야 하는 여행보다 오히려 객실, 주방, 화장실, 샤워실이 모두 갖춰진 데다가 이동까지 자유롭게 할 수 있는 캠핑카가 안전하게 휴식을 취할 수 있는 수단이라고 생각하기 시작한 것이다. 실제로 코로나19가 한창 확산되던 2020년 3월에서 7월 사이 아웃도어시를 통한 캠핑카 예약이 4500% 성장했다. 6월의 경우 전년 대비 캠핑카 예약 건수가 400% 늘어났다.

차를 타고 돌아다니며 집 없이 차를 숙소나 사무실로 사용하면서 일상을 여행하듯 살아가는 '밴 라이프(van life)'를 즐기고 인정하는 밀레니얼 세대들의 라이프스타일도 '차박 열풍'에 한몫했다. 우리나라에서도 코로나19와 주 52시간 근무제 확대로 인해 여가 시간을 즐기기 위해 캠핑을 선호하는 사람들이 늘고 있다. 아울러 정부에서 캠핑카에 대한 튜닝 범위 규제를 완화하며 캠핑카에 대한 선호도가 높아지고 있다. 국토교통부에 따르면 2020년 3월 기준 국내 캠핑카 등록 대수는 2만 대로, 2011년과 비교했을 때 19배 급증했으며, 같은 기간 캠핑 인구는 60만 명에서 10배인 600만 명으로 뛰었다고 한다.

캠핑카의 인기는 앞으로도 계속될 것으로 보인다. 특히 캠핑카 공유 시장이 더욱 활발해질 것이다. 고가의 캠핑카를 구매하는 것이 쉽지 않기 때문이다. 한국에 아웃도어시가 진출한다면 내 집 주변에 있는 다양한 캠핑카를 골라 타며, 캠핑카로 여행하는 차박 여행이 처음인 초보 여행자들이 방대한 고객 지원 네트워크를 통해 자문을 받을 수도 있게 될 것이다.

단순하게 캠핑카를 공유하는 서비스를 제공하는 것이 아니라 캠핑을 즐기고 캠핑카로 여행을 하는 사람들에게 어떤 것이 필요한지를 아웃도어시는 끊임없이 고민하고 있다. 1년 중 상당 기간을 지속적으로 캠핑카를 타고 미국의 여러 주를 돌아다니는 아웃도어시는 직접 소비자의 이야기를 듣고 이를 브랜드와 플랫폼 서비스에 녹여내고 있는 것이다.

> 마케팅의 관건은 이제 더 이상 당신이 만드는 제품이 아니라
> 당신이 이야기하는 스토리의 문제이다.
>
> 세스 고딘 Seth Godin

## 신세대를 공략한 스토리

2020년 8월 비비큐치킨은 획기적인 스토리로 새로운 기록을 세웠다. 유튜브 채널 달라스튜디오에서 진행하는 '네고왕'은 가수 황광희가 출연하여 다양한 기업들의 CEO들을 만나 해당 기업의 제품 가격을 네고(흥정)하는 이야기를 담고 있다. 그 첫 번째 이야기가 바로 제너시스비비큐그룹(bbq치킨)의 윤홍근 회장을 만나 황금올리브치킨 가격을 흥정하는 내용이었다. 치킨 한 마리를 7천원 할인해서 1만 1,000원에 구매하고 치즈볼 2알을 추가로 무료 증정하겠다는 각서를 받았다. 아울러 네고왕과 치킨왕이 함께 치킨 가격을 네고하는 영상의 조회수가 500만 회를 돌파하면 황광희를 비비큐치킨의 모델로 세우기로 했다. 재미와 흥미를 모두 잡은 영상 덕분에 비비큐치킨 자체 앱 '닭멤버십' 가입자가 초스피드로 250만 명이 넘었고, 자체 앱을 통한 주문 건수는 2019년 대비 1400%나 증가했다. 많은 소비자들이 네고왕의 거침없는 거래 능력에 희열을 느꼈고, 치킨왕(윤홍근 회장)의 화끈한 결단에 만족했다.

스토리는 여기에서 멈추지 않고 황광희를 모델로 발탁하는 리매치로 이어졌다. 리매치는 유튜브에 올라가자마자 하룻밤 만에 조회수 150만을 넘겼다. 1,000만도 갈 수 있다는 댓글도 올라오기 시작했다. 아울러 비비큐치킨의 신메뉴도 '광희나는 메이플 갈릭치킨'으로 메뉴 이름까지 스토리를 담게 해주었다. 스토리가 연결되며 소비자들은 다시금 비비큐 치킨에 관심을 가지게 되었다. 특히 MZ세대(1980년대 초~2000년대 초 출생한 '밀레니얼 세대'와 1990년대 중반부터 2000년대 초반 출생한 'Z세대'를 아우르는 말)들에게 유튜브를 통해 흥미로운 스토리를 전달한 것이 큰 강점이 된 것이다.

# 02

# 가격이 아니라
# 스토리로 경쟁하라

경쟁이 치열한 시장에서 이기기 위해서는 무엇보다 가격전략이 효과적이다. 하지만 이는 브랜드를 파는 것이 아니라 단순히 제품을 파는 것이다. 제품이 아닌 브랜드를 팔려면 브랜드 스토리로 팔아야 한다. 제품은 시간이 지나면 금세 구형이 되고 시장에서 사라지지만, 브랜드는 사라지지 않기 때문이다. 오랜 시간 시장에서 살아남기 위해서는 제품보다 브랜드 띄우기에 힘써야 하는 이유도 여기에 있다.

물론 브랜드로 판다고 해서 모든 것이 끝은 아니다. 브랜드는 시간이 지남에 따라 고객과 함께 늙어가게 된다. 구식이라는 느낌을 주는 브랜드는 소비자에게 외면받게 된다. 이때 브랜드에 활기를 더해주는 것도 바로 브랜드 스토리이다. 브랜드 스토리는 브랜드가 지속적으로 젊음을 유지하게 해주는 환상의 치유제인 것이다.

브랜드 스토리는 새로운 시장을 개척할 때도 효과적으로 작용한다. 제품보다는 브랜드 스토리를 통한 시장 침투 전략은 새로운 소비자들에게 브랜드를 각인시킬 수 있는 최선의 방법이다.

이케아의 경우 한국 시장에 론칭하기 이전에 이미 브랜드 스토리가 먼저 침투하였다. 스웨덴의 세계적인 가구, 인테리어 소품 회사로 합리적인 가격과 직접 눈으로 보고 체험할 수 있는 브랜드로 알려진 이케아는 고객이 직접 조립해서 사용해야 하는 대신 가격이 타사보다 낮았는데, 품질에 의구심을 가졌던 고객들도 매장에서 직접 보고 체험하면서 저렴하고 품질 좋은 이케아 가구에 끌리게 되었다. 아직 국내에 매장이 없어 구매하지 못했을 때에도 유학생이나 해외 거주자 등을 통해 이케아를 알고 있던 소비자들은 이케아에 열광할 수밖에 없었다. 실제 이케아가 한국 시장에 론칭하자 브랜드 스토리에 열광했던 소비자들이 고객이 되었다.

이렇듯 마케팅 시장에서는 제품보다는 브랜드로, 브랜드보다는 브랜드 스토리로 승부하여야 한다. 브랜드는 제품을 통해서 세상에 나오지만, 스토리를 먹고 자란다. 그러므로 단순히 제품을 만들어 브랜드로 탄생시켰다 해서 끝나는 것이 아니라 브랜드 스토리를 통해 브랜드를 성장시키고 진화시킬 수 있도록 해야 한다.

브랜드 스토리는 기업의 미래와 운명을 좌지우지할 정도로 매우 중요하다. 지속적으로 브랜드 스토리를 제공하지 못한다면 소비자들이 보였던 관심도 함께 사라지게 된다. 소비자들은 흥미롭고 매력적인 브랜드 스토리에 관심을 보이기 마련이지만, 그 매력이 지속되기 위해서는 또다시 새로운 매력을 보여주어 소비자가 떠나지 않고 계속 머물러 있게 해야 한다. 브랜드 스토리가 그 막중한 역할을 해야 하는 것이다. 모든 브랜드 전략, 기획, 소통의 중심에는 스토리가 있어야 한다. 브랜드는 스토리에서 시작된다고 할 수 있다. 스토리 없는 브랜드는 존재 자체가 불가능해진다.

브랜드 스토리는 세계적으로 유명한 명품 브랜드만 가지고 있는 것은 아니다. 세상의 모든 브랜드는 정도의 차이는 있지만 모두 브랜드 스토리를 가지고 있다. 작은 식당들조차도 브랜드 스토리로 장사를 한다. 많은 사람들이 찾는 맛집은, 물론 음식의 맛이 좋은 것도 있지만, 줄서서 기다리는 수고를 하면서 겪은 이야기가 공유되기도 한다. 고객들의 이야기가 브랜드 스토리가 되는 것이다. 처음에는 브랜드가 스토리를 만들지만, 나중에는 스토리가 브랜드를 만들게 된다. 브랜드와 스토리는 일란성 쌍둥이기 때문이다.

라면을 끓일 때 양은 냄비와 일반 스테인리스 냄비 중 어떤 냄비의 라면이 맛있다고 생각하는가? 많은 사람들이 양은 냄비에 끓이는 라면이 더 맛이 좋다고 생각하지만, 사실은 큰 차이가 없다고 한다. 그런데 우리에게 라면은 보통 양은 냄비에 보글보글 끓고 있는 모습으로 떠오른다. 영화나 드라마 속에서 등장하는 라면도 양은 냄비에 담겨 있는 것을 흔히 보게 된다. 자연스럽게 양은 냄비의 라면에 관한 스토리가 만들어지는 것이다. 그리고 이런 스토리가 라면의 맛을 다르게 느끼게 한다.

브랜드 스토리 또한 마찬가지이다. 본질적으로 큰 차이가 없음에도 불구하고 브랜드 스토리에 따라 소비자들이 받아들이는 이미지는 달라진다. 이는 소비자들이 선택의 순간에 제품보다는 브랜드, 그리고 그보다는 브랜드 스토리에 큰 영향을 받는다고 할 수 있다.

## ━━ 마켓컬리, 새벽배송만으로 성공할 수 있었을까

2015년 5월 신선식품 온라인 유통업체로 탄생한 마켓컬리(Market Kurly)는 이후 신선식품 새벽배송으로 주목받고 있다. 밤 11시 전까지 주문하면 다음 날 아침 7시 이전에 받을 수 있는 새벽배송 서비스는 많은 이슈를 만들어내며 마켓컬리의 성공 요인으로 꼽힌다. 첫해 29억 원이던 마켓컬리의 매출은 2019년 약 5000억 원으로 급증했고 후발주자들이 속속 등장할 만큼 인기를 끌고 있다. 2020년 매출액은 코로나바이러스 영향으로 1조 원을 돌파했다고 한다.

마켓컬리는 누구보다 스토리에 주목하고 이를 중요하게 여기는 기업이다. 마켓컬리의 홈페이지에 들어가서 식품의 상세보기 페이지를 보면 제일 먼저 눈에 들어오는 것이 있다. 200자 내외로 정리된 감성적인 글이다. 예를 들어 '양념 바닷장어' 상품 페이지는 다음과 같은 브랜드 스토리가 담겨 있다. '마음까지 허한 날이면 윤기가 자르르 흐르는 장어구이 한 점이 생각납니다. 유명한 맛집에서 구워 먹어도 좋겠지만, 가끔은 집에서 편하게 즐기고 싶죠. 그런 순간에는 이제 명성의 양념 바닷장어를 찾아주세요. (이하 생략)'

타사의 홈페이지에서는 잘 볼 수 없는 글이지만, 마켓컬리에서는 제품마다 쉽게 찾아볼 수 있다. 그저 단순히 어느 곳에서 재배되고 얼마

만큼의 용량이 담겨 있다는 정보성 글에 그치지 않는다. 감성적인 글로 하나의 이야기를 들려준다. 마켓컬리는 소비자들이 물건을 구매할 때 단순히 가격보다는 어떤 물건인지를 궁금해 한다고 생각했고, 그래서 친절하게 설명해주기로 한 것이다. 아울러 그 설명이 단순한 안내가 아니라 이야기가 되기를 바랐다. 제품 기획전도 단순히 '겨울 간식전'이 아니라 '겨울 간식은 이불 속에서 먹어야 제 맛, 이불 밖은 위험하니까' 하는 식의 스토리로 진행한다. 귤과 고구마, 호떡, 호빵 등의 제품을 하나로 모아 겨울철 따뜻한 방 안에서 먹는 간식의 즐거움을 스토리로 판매하는 것이다.

이처럼 마켓컬리는 스토리의 힘을 아는 기업이다. 마켓컬리 직원 200여 명 가운데 20명 정도가 전문 에디터라고 한다. 브랜드 스토리를 위해 처음 기획단계부터 함께 준비하는 것이다. 이들은 상품 기획자들과 기획 단계부터 소통하고 고민하며 소비자들에게 '어떻게 이야기할지'를 정한다. 아울러 직접 음식을 먹어보고 평가하며 스토리를 만들어내기도 한다. 이렇게 스토리에 주목하는 차별점이 마켓컬리

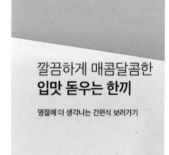

의 힘이라 할 수 있다. 신선식품 식자재를 새벽배송으로 받아볼 수 있다는 점도 마켓컬리의 장점이라 할 수 있다. 식자재뿐만 아니라 완성식품도 함께 판매하고 있는 마켓컬리가 다른 유통업체와 차별을 두기 위해 선택한 스토리는 앞으로 더 큰 무한한 가능성을 가지고 있다. 소비자들은 자연스럽게 제품보다는 브랜드, 브랜드보다는 브랜드 스토리에 열광하기 때문이다. 이는 '컬리 장바구니 어워드'를 통해 증명되기도 했다. 블로거 등 마켓컬리 회원들이 자신들의 장바구니 아이디어를 응모하는 행사였는데, 선정된 아이디어에는 300만 원이 지급되고 제품 기획전으로 이어지기도 했다. 소비자들은 마켓컬리를 통해 장바구니 스토리를 만들었고, 회사는 이를 자연스럽게 브랜드 스토리로 활용한 것이다.

이와 같은 브랜드 스토리가 중요한 이유는 스토리로 받아들여진 제품이나 브랜드는 소비자들에게 쉽게 잊혀지지 않기 때문이다. 여기에 라이프스타일까지 밀접하게 연결된다면 그 힘은 더욱더 커질 것이다.

#### 버켓핏, 디자인에 스토리를 담은 신발

제품보다는 브랜드, 브랜드보다는 브랜드 스토리에 주목한 기업이 있다. 바로 버켓핏(Bucketfeet)이다. 버켓핏은 제품 디자이너가 전 세계 아티스트들이라고 이야기한다. 전 세계 디자이너들이 각자 자신의 스토리를 담은 디자인을 응모하면 기업 내부 평가와 온라인 투표를 통해 제품으로 출시할 디자인을 정하게 된다. 각기 다른 스토리를 가지고 있는 사람들이 자신만의 스토리를 담은 디자인 슈즈를 만들어낸다면 어

떨까 하는 생각으로 시작했다는 버켓핏은 말 그대로 브랜드 스토리를 신발이라는 플랫폼으로 판매하는 기업이라 할 수 있다.

단순히 독특하거나 예쁘다고 해서 출시될 수 있는 디자인으로 선택 받는 것이 아니라 디자인에 관한 스토리가 담겨야 하기 때문이다. 따라서 디자이너들이 운동화 디자인을 응모할 때는 꼭 디자인에 관한 스토리를 함께 제출하여야 한다. 이러한 과정을 통해 출시된 운동화 중에는 반세기 넘게 지속된 콜롬비아 내전이 끝나기를 바라는 마음으로 만든 운동화도 있고, 해양생태계 파괴에 대한 경고 메시지가 담긴 운동화도 있다. 각기 다른 스토리를 담은 운동화는 이를 구매하는 소비자들이 단순히 운동화를 구매하여 신는다는 의미를 넘어 스토리를 구매하는 것이라고 볼 수 있다.

### 코리아나화장품, CEO가 브랜드 스토리를 만들어내다

코리아나화장품은 브랜드 스토리를 통해 브랜드를 소비자들에게 제대로 각인시킬 수 있던 기업 중 하나이다. '화장하는 CEO'라는 별명의 유상옥 회장은 자신의 사업 분야에 맞추어 스스로 '나는 60세에도 화장

Images from: ③ coreanamall.com

을 한다', '화장하는 CEO'라는 스토리를 만들어 이를 브랜드에 연결시켰다. 50대 중반의 늦은 나이에 창업한 유상옥 회장은 지금의 코리아나 화장품의 성공을 이끌고 오늘날 K-뷰티의 리딩 브랜드의 위치에까지 이르게 한 주역이라고 할 수 있다.

트렌드에 민감하고 항상 새로운 제품과 발전된 기능과 기술력에 집중해야 하는 화장품 업계에서 여성의 아름다움과 '화장'이라는 것에 주목하고 이를 브랜드 스토리로 만들어낸 것은 코리아나화장품을 소비자들에게 각인시키기에 충분했다.

코리아나화장품에는 새로운 구매 경험을 통해 만들어진 소비자들의 브랜드 스토리가 있다. 이른바 군마트(PX)에서 판매되는 화장품이 유명해지면서 코리아나화장품의 브랜드 제품도 함께 인기를 얻게 된 스토리이다. 예전과 달리 남성이 자신의 외모를 관리하고 화장품에 관심을 가지는 시대에 군인들이라고 예외일 수 없다. 군대에서도 필요하다면 군마트를 통해 화장품을 구매하여 사용할 수 있는 것이다. 그런데 군마트라고 해서 남성용 화장품만 판매하는 것은 아니었다. 제법 다양한 종류의 제품이 판매되고 있었다. 군복무 중에 휴가를 나올 때 화장품을

44

사서 여자친구, 누나, 여동생, 어머니에게 선물로 주었는데, 이것이 반응이 좋았다. 게다가 군마트는 시중에서 유통되는 화장품에 비해 최소 반값, 많게는 1/20 가격에 판매되고 있으니 알뜰하게 화장품을 구매할 수 있는 비밀 경로가 되어 이야기가 퍼져나가게 된 것이다.

게다가 제품력이 뛰어나니 주변에 군인이 있다면 무조건 부탁하여 구매하게 되면서 브랜드 스토리가 넘쳐나게 되었다. 코리아나화장품의 위네이지(Winage) 달팽이크림이 한 달이라는 기간 동안 약 10만 개 가까이 팔리면서 한국 젊은이들의 '청춘브랜드'로 불리게 되었다. 창업자인 유상옥 회장의 바톤을 이어받은 유학수 사장의 새로운 성공 스토리 중의 하나이다.

영국의 철학자 비트겐슈타인은 '우리가 이야기할 수 있는 것만이 존재한다.'고 설파한 바 있다. 이는 이야기를 할 수 있는 사람과 이야깃거리를 만들어낼 수 있는 콘텐츠 두 가지를 모두 포함하는 것이라고 생각한다. 코리아나가 국내 화장품 업계에서 큰 자리를 지키며 지금까지 존재할 수 있었던 것도 이렇듯 브랜드 스토리를 만들어내는 CEO와 콘텐츠, 새로운 이야기가 만들어지는 기회가 더해졌기에 가능한 것이다.

### ▬ 그립, 소통하는 새로운 동영상 커머스 플랫폼

그립(Grip)은 2019년 3월 론칭한 동영상 라이브 커머스 플랫폼이다. 라이브 커머스는 라이브 방송과 쇼핑이 합쳐진 것으로, 라이브 방송을 진행하면서 제품을 소개하고 실시간으로 판매가 이루어지는 새로운 형태의 커머스이다.

그립에는 홈쇼핑에서 물건을 판매하는 쇼호스트와 비슷한 그리퍼(Gripper)가 있다. 그리퍼는 시청자들과 라이브 방송을 통해 실시간으로 소통하면서 제품을 소개하고 판매한다. 고객의 입장에서는 제품에 대한 궁금증을 판매자들에게 채팅으로 물어보고 답변도 받으며 실시간으로 소통할 수 있어 좋고, 판매자들은 자신이 직접 제작하거나 판매하는 제품을 생생하게 소개할 수 있어 좋다.

나는 그립의 공식 그리퍼이기도 하다. '트렌드몬스터'라는 이름으로 2020년 9월 2일 첫 라이브 방송을 시작했다. 이후 지금까지 그립에서 한 라이브 방송이 33회나 된다. 이미 40회차까지 방송 예약이 되어 있을 정도로 꾸준하게 라이브 방송을 하고 있다. 처음 그립을 알게 되어 그리퍼에 도전하기 위해 지원하였는데, 나이를 선택하는 칸에 1970년생까지밖에 없었다. 나이 때문에 지원조차 할 수 없는 상황이었던 것이다. 그러나 나이 때문에 열정이 꺾이진 않는다. 내 나이를 밝히고 너무도 그리퍼가 되고 싶다는 마음을 전했더니 서류전형을 통과할 수 있었다. 그다음은 직접 3분 동안 제품을 판매하고, 자기소개를 하는 면접이 남아 있었다. 젠틀몬스터의 선글라스를 판매 제품으로 정해서 직접 대본을 만들고 연습하여 면접을 봤고, 당당하게 그리퍼로 합격하였다. 이렇게 그리퍼가 되면 나에게 맞는 제품을 전달받고 판매방송을 할 수 있게 된다. 제품의 콘셉트와 맞는 스토리가 만들어질 수 있는 라이브 방송을 만들어야 하기 때문이다.

라이브 커머스의 경우 소비자와의 실시간 소통도 중요하지만, 짧은 시간 동안 제품에 대한 설명과 질문에 대한 답이 함께 만들어져야 한다. 그 자체로 흥미롭고 관심 있는 스토리로 만들어야 하는 것이다.

스토리에 친근함을 담도록 노력하라.
대중은 여전히 한 사람이다.
내가 그에게만 말하고 있다고 느끼게 하라.
핼 스테빈스 Hal Stebbins

## 꼬꼬면은 왜 오래가지 못했을까

한때 큰 인기를 끌었던 매그놀리아, 꼬꼬면, 허니버터칩은 왜 오래가지 못했을까? 처음에 크게 주목을 받았던 이야기들이 딱 거기서 멈추고, 더 이상의 이야기로 발전되지 못했기 때문이다. 소비자들에게 지속적으로 제공할 수 있는 스토리와 콘텐츠가 부족했기 때문에 몰락한 것이다.

한때 큰 관심을 모았던 김치버스의 경우도 콘텐츠가 이어지지 못해 지속되지 못했다. 김치버스는 2010년 러시아 블라디보스토크를 시작으로 400일 동안 유럽과 미주 지역에서 김치버스를 운전하며 한국과 김치를 알린 류시형 대표의 멋진 이야기이다. 배추 50kg을 버스에 싣고 400일 동안 여행하면서 만난 사람들에게 음식을 제공하며 한국을 알리는 일을 해왔다. 무모하면서도 독특한 이 스토리에 당시 많은 사람들이 공감하고 관심을 보였다. 나도 개인적으로 좋아했지만, 김치버스 이야기가 끝나자 더 이상의 관심은 이어지지 못했다. 이야기가 끝이 나면서 아쉽게도 관심과 흥미도 함께 끝난 것이다.

최근에도 이처럼 안타깝게 사라진 브랜드가 있다. 2018년 정용진 신세계 부회장이 야심 차게 준비한 삐에로쑈핑이다. 일본 돈키호테를 벤치마킹하여 만물점 콘셉트를 바탕으로 한 삐에로쑈핑. B급 감성과 초저가를 내세우며 초반에는 많은 소비자의 관심을 모았다. 그러나 관심은 짧았다. 직원조차 제품이 어디 있는지 모를 정도로 없는 것 없이 다양한 제품이 있다는 콘셉트와 스토리, 그게 다였다. 더 이상의 스토리 확장도, 지속적으로 업데이트되는 스토리도 없었다. 소비자들의 관심을 지속적으로 이어가기 어렵게 된 것이다.

일본의 돈키호테와 같은 만물점은 점포마다 자체적으로 상품을 구성함으로써 다양한 아이디어와 제품 구성에 따른 스토리가 만들어지기 마련이다. 하지만 삐에로쑈핑에는 이와 같은 아이디어와 스토리가 부족했던 것으로 보인다. 자연히 저렴한 가격을 선호하는 고객들은 온라인으로 옮겨 가게 되었고, 재미있는 아이디어와 스토리를 원하던 고객들은 지루해져서 멀어지게 된 것이다. 물론 나처럼 매장에서 시간을 보내며 제품과 브랜드를 살펴보는 것을 즐기는 소비자들에게는 삐에로쑈핑은 흥미롭게 느껴지기도 했었다. 안타깝게도 현재는 사업 중단이 선언되었지만, 앞으로 리콘셉팅과 리브랜딩 작업을 거쳐서 이커머스와 오프라인 겸용의 새로운 리테일먼트(retailment, retail+entertainment. 리테일에 즐거움과 오락적 요소를 가미한 것) 브랜드로 재탄생하기를 기대해본다.

# 03

# 독특한 경험으로
# 감성을 공략하라

브랜드 스토리는 소비자들과 지속적으로 감정의 연결고리를 유지하며 소비자와 브랜드 사이에 공감을 일으켜야 한다. 즉, 브랜드 스토리는 소비자의 감성을 자극할 수 있어야 하는 것이다. 브랜드 스토리는 제품의 특징을 설명하는 것과는 확연히 다르다. 기능적으로 풀어진 스토리는 결코 진정한 브랜드 스토리가 아니다. 제품이나 브랜드 자체를 강조하기보다는 그 안에 담긴 의미나 공감을 일으킬 수 있는 이야기를 제공하며 소비자와 브랜드의 교감을 유도할 수 있어야 하는 것이다. 브랜드 스토리는 소비자들에게 상상력을 불러일으켜 자연스럽게 기억시키고, 각인시킬 수 있어야 한다. 이때 소비자들이 브랜드 스토리에 대해 공감하지 못하면 브랜드는 소비자와 공존할 수 없게 된다. 브랜드와 소비자와의 공감은 그 둘 사이의 관계를 형성시켜주며 서로를 강력하게 연결시키는 역할을 한다. 이러한 관계를 위해서는 무엇보다 브랜드 스토리가 소비자의 감성적 경험을 일으킬 수 있어야 한다. 그러면 소비자의 마음을 움직일 수 있고, 평생 소비자의 기억 속에서 잊혀지지 않을 것이다.

## ▬ 차별화된 경험을 제공하는 칙필레, 입장료 받는 렐루 서점

미국의 치킨 전문 패스트푸드 브랜드인 칙필레(Chick-fil-A)는 자동차를 탄 채로 주문하고 받을 수 있는 드라이브스루(drive-thru) 서비스를 좀 더 새로운 방식으로 제공한다. 대부분의 드라이브스루 매장은 고객이 카운터 앞까지 가서 주문을 해야 하는데, 칙필레는 다르다. 서비스 직원이 다가와 자동차에 타고 있는 고객에게 주문을 받는다. 칙필레 직원들은 고객에게 'It's my pleasure.'라고 말하며 감사 표시를 한다. 고객들은 칙필레에게 대접을 받고 있다고 생각하게 된다. 고객의 경험이 브랜드 스토리가 되는 것이다.

포르투갈의 포르투에 있는 렐루 서점(Lello Bookstore)도 이렇게 독특한 경험을 통해 브랜드 스토리가 만들어진 사례이다. 이 서점에는 내가 너무도 좋아하는 생텍쥐페리의 『어린왕자』 초판 사인본도 보관 중이

다. 전 세계에 딱 300권만 남아 있는 초판은 가격이 1만 8000유로이다. 이곳에는 조앤 롤링의 소설 『해리포터』의 배경이 되는 마법 학교의 계단과 똑같은 모습의 계단이 있다. 서점 내부에 있는 붉은 계단인데, 실제로 조앤 롤링이 포르투에 살면서 이 서점을 드나들며 영감을 받았다고 한다. 이러한 스토리에 많은 사람들이 서점을 찾기 시작했는데, 책을 사러 오는 손님보다 붉은 계단을 보고 스토리를 경험하려는 사람들이 늘어났다. 이에 서점은 입장료 5유로를 받기 시작했다.

### ▬ 세라젬, 공짜 손님에 주목하다

개인용 의료기기 제조업체인 세라젬에는 체험이 중요하다는 사실을 보여주는 독특한 브랜드 스토리가 있다. 중국에서도 판매되고 있는 세라젬은 의료기기이다 보니 직접 매장에서 체험할 수 있도록 준비되어 있다. 이 매장에서 가장 주목하는 고객은 누구일까? 새롭게 세라젬을 구입하기 위해 방문한 고객? 재구매를 위해 방문한 고객? 입소문을 통해 또 다른 고객을 연결시켜주는 고객? 과연 누구일까?

세라젬은 독특하게도 10년 동안 매장을 방문해서 무료로 세라젬 의료기기만을 사용해 보고 가는 공짜 손님을 가장 주목하고 있다고 한다. 아울러 매장을 방문한 이 고객을 절대 쉽사리 돌려보내지 않고 최선을 다해 응대한다고 한다. 아무리 무료라고 해도 10년을 매일같이 찾아와 세라젬을 사용한다는 것은 그만큼 브랜드에 대한 애정이 있기 때문이라는 것이 그들의 이야기이다. 어찌 생각해보면 정말 이 고객이야말로 세라젬에 대한 만족도가 가장 높은 사람일 것이다. 매장을 찾는 수고로움을 감수하고 제품을 사용하기 위해 매일같이 매장을 찾으니 말이다. 이런 브랜드 스토리는 세라젬의 제품을 체험해보려는 욕구를 갖게 한다. 아울러 세라젬은 자신들의 제품은 체험해보면 만족도가 높을 수밖에 없다는 사실도 브랜드 스토리를 통해 자연스럽게 전달한다. 기술도 결국 스토리를 가진 기술이 이길 수밖에 없다. 기술도 스토리인 것이다.

### ▬ LOL Surprise, 무궁무진한 스토리를 만들어내다

2017년 미국에서 출시되어 전 세계적으로 여아들의 호기심을 자극하며 인기를 얻고 있는 엘오엘 서프라이즈(LOL Surprise)라는 인형이 있다. 둥근 공 모양의 캡슐 안에서 작은 인형과 관련된 액세서리들이 나온다. 둥근 공 모양의 캡슐은 랜덤으로 구성되어 있어 뚜껑을 열 때 어떤 인형이 나타날지 호기심을 갖게 한다. 뚜껑을 열 때도 단순하게 여는 것이 아니라 하나의 미션 같은 경험을 제공한다. 동봉된 해독 안경을 통해 시크릿 메시지를 확인한 후에 캡슐 상자의 코드를 맞춰가며 열도록 고안되어 있기도 하고, 배스밤(bath bomb, 거품입욕제) 안에 인형이들어 있어 물속에서 녹을 때까지 기다려야 하는 경우도 있다. 조개 모양이나 동그란 모양의 배스밤이 물 안에서 거품과 함께 향기로운 냄새를 풍기며 녹는 순간 그 속에 담겨져 있던 인형이 나오게 되는 것이다.

수수께끼를 풀 듯, 게임을 하듯 캡슐을 여는 과정이 모두 하나의 스토리가 되는 것이다. 이렇게 캡슐을 감싸고 있는 서프라이즈 레이어를 하나씩 벗겨내면 의상, 신발, 물병, 스티커, 액세서리들이 나오고 마지막에 인형을 얻게 된다. 그 과정에서 각각의 스토리가 만들어진다고 할수 있다.

이런 재미와 흥미가 엘오엘 서프라이즈의 인기 비결이 되었고, 미국타임지 선정 '인기 여아완구 TOP 10' 중 4위에 오르기도 했다. 캡슐 안에 들어 있는 인형의 종류뿐 아니라 관련된 액세서리도 다양하며 분리

가 가능해서 다른 캡슐의 인형들과도 호환이 가능하다. 그 조합이 무궁무진하게 늘어나게 되는 것이다. 이렇게 감성적인 경험을 통해 고스란히 브랜드 스토리를 느낄 수 있게 된다.

## 에어비앤비, 끊임없는 스토리와 감성적 경험

세계적인 숙박 공유 플랫폼인 에어비앤비(Airbnb)는 여행 숙박 시장에서 그 위치를 확고히 하고 있다. 호텔과 달리 여행지에서 현지인들처럼 살아볼 수 있고 비용면에서도 호텔에 비해 저렴한 덕분에 많은 소비자의 사랑과 지지를 얻고 있다. 에어비앤비는 단순히 여행지에서 숙박객으로 머물게 하는 것이 아니라 감성적인 경험과 소통이 가능한 커뮤니티를 만들었다고 할 수 있다. 스토리 크리에이티브를 가장 잘 만들고 활용하는 회사인 것이다. 특히 에어비앤비는 브랜드를 홍보하거나 숙박업체를 소개할 때 기능적인 서비스에 초점을 맞추어 설명하는 것이 아니라 감성적인 브랜드 스토리로 전달한다. 예를 들어 '주 단위 할인', '현지인처럼 살아보기'와 같은 딱딱한 문구가 아니라 '에어비앤비가 사람들 사이의 거리가 멀어지는 이 세상에서 새로운 연결 통로가 되겠다'라는 브랜드 스토리의 메시지를 전달하는 것이다. (한국의 저가 항공사들이 무의미하고 재미도 없는 서울-제주 왕복 항공권과 1만 원 경품 증정 이벤트를 하고 있을 때 에어비앤비는 상어와 함께 하는 무료 숙박, 반 고흐의 방에서 숙박할 수 있는 경품 이벤트를 진행했다.)

에어비앤비는 다양한 콘셉트의 숙소를 기획하여 소비자들이 경험할 수 있도록 하기도 한다. 파리 수족관(Aquarium de Paris)에서 상어와

함께 하룻밤을 머무는 이벤트를 할 때도 설명이 감성적이다. 수족관을 보며 '저 속에서 살아보고 싶다'라고 꿈꿔본 적이 있다면 '바다의 무법자'라 불리는 상어 35마리를 룸메이트 삼아 하룻밤을 보낼 수 있다고 이야기한다. 일명 고흐의 침대로 알려진 명작 '아를의 반 고흐의 방'을 그대로 재현한 방을 대여해주기도 했다. 경기도 고양시에 있는 지드래곤 연습장을 공유 숙박 시설로 내놓기도 했다. 얼마 전에는 아일랜드 더블린에 있는 기네스 맥주 공장 투어 마지막에 올라가는 전망대를 기네스와 공동으로 숙박 시설로 개조하여 팝업으로 선보이기도 했다. 나도 더블린을 방문했을 때 기네스 맥주 스토리를 따라서 가본 적이 있다. 얼마 전에는 감자 호텔로도 화제를 모았다. 감자 호텔은 미국의 아이다호주 사우스보이시 들판에 소형주택 건축가 크리스티 울프가 세운 호텔이다. 겉모습은 거대한 하나의 감자이고 무게만 6톤이다. 최대 2명까지만 묵을 수 있다고 한다. 이렇게 독특한 모습의 감자 호텔은 에어비앤비를 통해서만 투숙할 수 있다.

이렇게 에어비앤비는 브랜드 스토리를 끊

임없이 이어가고 있다. 소비자들은 이러한 에어비앤비의 숙소에 직접 머물지 않더라도 감성적인 경험으로 브랜드 스토리를 받아들일 수 있다. 스토리가 가진 힘이 크기 때문이다.

## 역서사소, 디자인에 사투리를 활용하다

역서사소는 조선대학교 미술대학에서 시각디자인을 전공한 선후배 김진아 대표와 김효미 대표가 2015년에 선보인 팬시 제품 브랜드이다. 노트, 다이어리, 엽서, 달력 등 종이 문구에 사투리를 디자인했다는 것이 차별점이다. 역서사소라는 브랜드 네임도 전라도 사투리식 표현으로 '여기서 사세요'라는 의미이다.

처음 브랜드를 만들 때 김 대표는 자신들이 나고 자란 지역의 아이덴티티에 대한 고민을 많이 했다고 한다. 전라도 사투리에 대한 부정적인 인식을 바꾸고, 사투리가 촌스럽다는 고정관념을 부수고 싶었다. 사투리는 무형의 문화자산이다. 그 지역을 대표하는 역사이자 문화자원이기 때문이다. 이에 전라도 사투리에 담긴 속뜻과 아름다움을 알리고 싶었다고 한다. 현재는 전라도 사투리와 더불어 경상도, 제주도 사투리로 디자인한 제품도 함께 판매하고 있다.

역서사소라는 브랜드 네임에는 다른 스토리도 덧붙였다. 해 반짝 날 역(暘), 서로 서(胥), 일(힘쓰다) 사(事), 웃을 소(笑)라는 한자를 사용해서 '해 반짝 나는 날 우리 함께 모여 웃자'라는 의미를 담은 것이다.

브랜드와 제품 자체가 스토리인 역서사소의 디자인 문구제품들 중에 매달 절묘하게 들어맞는 공감 가득한 말로 디자인된 사투리 달력이

있다. 달마다 사투리로 표현된 문구가 들어가는데, 사투리의 뜻도 설명되어 있다. 사투리 일력에는 200여 개의 단어가 담겨 있다.

또한 전라도, 경상도, 제주도 사투리로 사랑을 고백하는 마음이 담긴 고백엽서도 있다. '한라산만큼 바당만큼 소랑햄쪄', '우야노 넘사시롭그로 내 솔찌 니삐 없데이', '니만 생각하믄 내 맴이 겁나 거시기해' 등과 같이 각 지역 말로 쓰여 있는 사랑 고백은 별다른 디자인 없이 스토리만으로도 매력을 뽐낸다.

이렇듯 역서사소의 디자인 콘셉트이자 모티브는 '말'이다. 화려하지도 않고 디자인적 요소가 많지도 않은 제품이지만 사투리를 충분히 전달하기 위해 언어만을 강조한 것이다. 그리고 그 언어를 돋보이게 하고자 컬러와 텍스트의 폰트와 디자인에만 집중한다고 한다.

디자인 문구제품인 만큼 브랜드를 소비자들에게 전달하기 위해 새로운 캐릭터도 개발했다. '투리투리프렌즈'라는 이름으로 총 5개의 캐릭터가 있다. 캐릭터 콘셉트에도 스토리가 존재하는데, 바로 '낮말은 새가 듣고, 밤말은 쥐가 듣는다'라는 속담이다. 으레 캐릭터라고 하면 동물을 의인화하거나 익살스러운 모습의 사람들을 생각하기 마련이다. 그런데 역소사소는 이야기를 전달하는 부분에 포커스를 맞춘 것이다. 우리의 말을 전달하는 매개체라는 콘셉트에 맞추어 '~말이야'에서 모티브를 얻어 제작된 말 모습의 마리앙과 이야기를 하는 입, 그 입술을 모티브로 디자인된 리비, 낯말을 듣고 전달하는 새 피피와 쥐 마우, 그리고 말을 듣는 귀를 모티브로 한 이이. 총 5마리의 캐릭터들이다.

앞으로 역소사소가 사투리와 더불어 말이라는 콘텐츠를 어떻게 캐릭터로 전달하게 될지 그 자체도 스토리가 될 것이다.

## ━━ 고잉메리, 편의점에 감성과 경험을 더하다

고잉메리는 단순히 제품을 판매하는 편의점이 아닌, '감성'을 더한 편의점이다. 융합 커머스 플랫폼이라고 칭하는 고잉메리는 2017년 시장에 나와 2030 소비자에게 큰 사랑을 받은 '요괴라면' 개발사 옥토끼 프로젝트의 리테일 브랜드이다. 출시 당시 요괴라면은 봉골레, 국물떡볶이, 크림소스 등 기존 라면에는 없던 맛과 강렬한 원색 포장지에 그려진 요괴 캐릭터로 화제였다. 출시 한 달 만에 7만 개 이상을 판매했고, 그 인기로 삼성전자와 함께 '갤럭시라면'을 선보이기도 했다.

옥토끼 프로젝트의 고잉메리는 제품을 판매하는 편의점과 일부 제품을 맛볼 수 있는 프리미엄 분식점, 그리고 술집까지 한곳에 모아두며 또다시 새롭고 획기적인 플랫폼으로 인기를 얻고 있다. 기존의 편의점과는 다르게 감성을 더하고, 경험을 더하고, 거기에 스토리도 담은 것이다. 다른 곳에서 먹는 분식 메뉴와 달리 매장 내의 셰프가 판매 제품으로 개발한 신메뉴들을 사 먹을 수 있다. 그리고 그 레시피는 유튜브를 통해 공개된다. 경험이 스토리로 이어지고 콘텐츠로 만들어질 수 있도록 하는 것이다.

흔히 브랜드 스토리라고 하면 브랜드의 시작과 역사가 담긴 글로만 생각한다. 그러나 브랜드가 전달할 수 있는 경험과 감성이 브랜드 스토리가 될 수도 있다.

고객이 스스로 마케팅하도록 이끄는 것이 진정한 마케팅이다.

세스 고딘 Seth Godin

# 04

# 중요한 것은
# 스토리의 길이가 아니다

브랜드 스토리는 단순히 소비자들에게 전달되는 것이 아니라, 반대로 소비자들이 브랜드에게 말을 걸 기회를 제공할 수 있어야 한다. 즉, 그저 읽고 마는 한 권의 책이 아닌, 새로운 이야기가 지속될 수 있는 재미있는 소재 역할을 하여야 한다.

스토리라는 것은 무의식 속에서 자연스럽게 받아들여진다. 우리가 누군가와 이야기를 나눌 때 이야기 자체가 재미있으면 아무리 불편한 자리일지라도 순간적으로 그 이야기에 몰입하고 공감하는 이유도 여기에 있다. 브랜드 스토리도 이와 같아야 한다. 브랜드 스토리는 다른 사람들에게 이야기를 전달하고 싶어져야 한다. 브랜드 스토리가 공유할 만큼 가치가 있거나 재미있을수록 그 브랜드 스토리를 접한 소비자는 다른 사람과 공유하고 싶어 하게 된다.

이때 형식이 중요하다. 만약 책 한 권 분량의 브랜드 스토리라면 이를 다른 사람과 공유하기가 쉽지 않다. 소비자는 자연히 이를 자신의 기준대로 편집하여 다른 사람에게 전달하려 할 것이다. 이 과정에서 기업이 브랜드 스토리를 통해 전달하고자 하는 핵심 메시지가 제대로 전달되지 않을 수도 있다. 때문에 브랜드 스토리는 장황하고 긴 이야기가 아니라 가치를 느낄 만한 핵심 메시지를 갖는 것이 무엇보다 중요하다. 이는 임팩트 있는 브랜드 스토리를 위해서도 중요하다. 따라서 브랜드 스토리를 만들 때 우리는 과연 무엇을 소비자들에게 기억되게 하고 싶은지 먼저 정의할 필요가 있다.

브랜드 스토리를 만드는 것은 드라마 대본이나 소설을 쓰는 것과는 달라야 한다. 브랜드 스토리에 대한 관심이 높아지고 기업에서 브랜드 스토리에 대한 인식이 높아졌을 때 어느 유명 시나리오 작가가 기업의 섭외 대상이 되었다. 당시 작가가 기업의 브랜드 스토리를 대신 작성해주며 1억 원에 달하는 돈을 받았다는 소문이 돌 정도로 기업의 브랜드 스토리를 작가에게 맡기는 일이 많았다. 그러나 이는 브랜드 스토리에 대한 잘못된 생각에서 비롯된 일이라 할 수 있다. 브랜드 스토리를 만드는 것은 드라마나 소설을 쓰는 것과는 달라야 한다. 미래학자 롤프 옌센(Rolf Jensen)은 『드림 소사이어티(Dream Society)』에서 '스토리는 발명한 것이 아니라 발굴한 것이어야 한다'고 했다. 브랜드 스토리는 마케팅 영역이다. 그냥 스토리가 아니라 브랜드의 스토리이기 때문에, 스토리의 속성을 지녔지만 그 본질은 브랜드이고 마케팅임을 잊어서는 안 된다.

성공한 브랜드 스토리를 살펴보면 꼭 한 권의 책처럼 분량이 방대하지는 않다. 성공한 브랜드 스토리는 오히려 한 페이지 혹은 한 문장, 한

컷, 한 단어로 되었을 때에도 전달하고자 하는 메시지에는 변함이 없다. 중요한 것은 어떠한 이야기를 할 것인가이다. 큰 브랜드일수록 스토리 아이디어를 개발해야 한다. 다양한 아이디어를 통해 브랜드 스토리를 창조해야 한다. 작은 브랜드는 이보다는 창업 이야기나 제품 아이디어에서 비롯된 스토리로 시작하는 것이 좋다.

### 1865, 한국에서만 잘나가는 와인

산 페드로(San Pedro)라는 칠레 와인 회사는 설립연도인 1865년을 기념하여 1865라는 이름의 와인을 만들었다. 한국을 비롯하여 전 세계 80여 개국에서 팔리고 있는 이 와인은 특이하게도 한국에서만 통하는 브랜드 스토리를 가지고 있다. 브랜드 이름인 1865를 '18홀을 65타에 치기'로 바꾸어 골프에 적용한 것이다. 65타는 아마추어 골퍼들에게는 꿈의 점수인 것이다. 와인 수입을 담당했던 직원이 만들어낸 이 스토리는 많은 소비자들에게 통했고, 이것이 매출로도 직접 연결되었다. 골프장 클럽하우스에서 서로 행운의 뜻으로 1865를 선물하고 권하기 시작한 것이다. 처음부터 이렇게 만들어낸 스토리도 아니고, 직접적인 경험

에서 만들어진 스토리도 결코 아니다. 그저 말장난처럼 보이는 단 한
줄의 브랜드 스토리가 그 어떤 장황한 스토리보다 큰 힘을 발휘했다.
소비자들의 감성을 자극하고 공감을 불러일으킨 것이다.

## 드비어스, 다이아몬드는 영원하다

드비어스(De Beers)는 영국의 다이아몬드 브랜드이다. 세계 최대의
다이아몬드 유통회사인 드비어스는 세계적으로 유명한 카피인 '다이아
몬드는 영원하다(A diamond is forever.)'의 주인공이기도 하다. 사람들은
지금도 프러포즈를 하거나 결혼을 할 때면 다이아몬드를 준비한다. 다
이아몬드가 영원한 사랑의 상징이 된 것이다. 바로 저 카피 하나로 말
이다. 이렇게 브랜드 스토리는 한 문장으로도 충분히 그 가치를 내보일
수 있다. 구구절절 긴 이야기만이 성공적인 브랜드 스토리가 되는 것은
아니라는 이야기이다.

## 크리스찬 루부탱, 구두 밑창 색깔만 바꿨을 뿐인데…

레드솔(붉은색 구두 밑창)이라고 하면 대부분의 소비자들은 크리스찬

루부탱(Christian Louboutin)의 구두를 떠올릴 것이다. 크리스찬 루부탱은 1991년 프랑스 파리에서 시작되었다. 명품 브랜드들이 보통 100년에 가까운 역사를 가지고 있는 데에 비해 상대적으로 역사가 짧다. 그럼에도 불구하고 세계적으로 유명인들부터 일반인들까지 루부탱이라는 브랜드를 인지하고 좋아한다. 아울러 크리스찬 루부탱이라는 브랜드와 붉은색 구두 밑창을 함께 떠올린다.

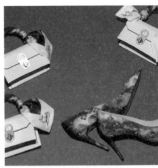

이렇게 루부탱의 상징이 된 붉은색 밑창은 크리스찬 루부탱이 어느 날 어시스턴트가 완성된 구두 옆에서 빨간색 매니큐어를 발에 바르는 모습을 보고 아이디어를 얻게 되었다고 한다. 여성들이 아름다움을 돋보이게 하려고 빨간색 매니큐어를 바르는 것처럼 자신의 구두에도 그러한 이미지를 담고 싶었던 것이다. 아울러 다음 시즌에는 녹색을 사용하겠다는 계획도 함께 세웠다.

그런데 붉은색 밑창의 구두를 신어본 소비자들의 반응은 대단했다. 그 구두를 신고 있을 때 남성들이 여성을 매력적으로 받아들이고 반응을 보였다는 것이다. 이에 루부탱은 이를 자신들의 시그니처 심벌로 삼게 된다. 이후 크리스찬 루부탱은 붉은색 밑창의 특허를 신

청하게 되었고, 2011년에는 입생로랑이 구두에 붉은색 밑창을 사용하면서 특허소송전을 벌이기도 한다. 이러한 과정 속에서도 루부탱은 더욱더 붉은색 밑창을 자신들의 대표 이미지로 삼게 된다. 이것이야말로 강력한 브랜드 스토리라 할 수 있다. 거창하고 장황하게 늘어놓는 브랜드 스토리가 전부는 아니다. 또한, 브랜드 스토리가 꼭 하나의 문장으로 표현될 필요도 없다. 붉은색 밑창이라는 표현만으로도 루부탱의 구두는 충분히 설명되고, 소비자들이 그것을 이해하고 받아들이며 새로운 이야기를 지속적으로 이어가고 만들어갈 수 있는 여지가 생긴다. 이것이야말로 브랜드 스토리의 힘이라 할 수 있다.

## ▬ 커넥츠 공부서점, 학습을 돕다

브랜드 스토리는 기획이 중요하다. 기획은 큰돈을 들이지 않고도 경쟁력을 가질 수 있고, 거대한 싸움도 가능하다. 잘 기획된 브랜드 스토리는 대기업과 대형 브랜드와의 경쟁에서 큰 힘을 가질 수 있는 것이다.

2014년에 시작한 온라인 교육사업 에스티유니타스(ST Unitas)는 2020년 커넥츠 공부서점이라는 도서 플랫폼을 선보인다. 온라인에서 대학교재와 수험서, 참고서 등을 판매하는 커넥츠북은 스스로를 '학습을 돕는 서점'이라는 기획과 콘셉트로 커넥츠 공부서점이라고 이름을 변경하게 된 것이다. 이와 더불어 책 구매, 배송뿐 아니라 도서를 분철해주는 서비스도 제공한다. 대부분의 대학교재나 수험서는 부피가 커서 가지고 다니기 힘들다. 이에 필요한 부분만 갖고 다닐 수 있도록 분철해주는 서비스를 선보인 것이다. 자연스럽게 커넥츠 공부서점은 '공

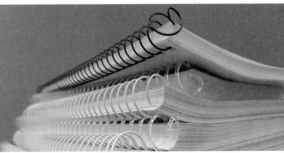

부'에 최적화된 서점으로 소비자들에게 각인된다.

　브랜드 스토리를 길고 장황하게 설명할 필요는 없다. 정확하게 기획한 콘셉트를 소비자들에게 전달할 수 있다면 성공한 브랜드 스토리라 할 수 있다.

우주는 원자가 아니라 스토리들로 만들어져 있다.

뮤리얼 루카이저 Muriel Rukeyser

# 05

# 브랜드가 반드시 브랜드 스토리의
# 주인공이 될 필요는 없다

브랜드 스토리는 보통 그 종류가 대개 창업자 스토리, 기업 스토리, 제품 스토리, 소비자 스토리, 광고 또는 마케팅 스토리, 소셜미디어 스토리 등이다. 지금까지의 브랜드 스토리는 대부분 창업이나 브랜드의 탄생 스토리, 혹은 브랜드가 소비자들에게 전달하고자 하는 정보를 바탕으로 만들어졌다. 갑자기 브랜드 스토리가 주목을 받고, 많은 기업들이 이를 전략적으로 활용하다 보니 뒤처지면 안 된다는 생각으로 브랜드 스토리를 만들었고, 그러다 보니 가지고 있는 소스를 활용할 수밖에 없었기 때문이다. 이는 스토리텔링의 덫과도 연관이 있다. 단순히 스토리를 전달만 하면 되었던 스토리텔링에서는 그 핵심이 브랜드가 되어야 했기 때문이다. 브랜드가 아닌 다른 이야기를 하게 되면, 기업 입장에서는 시간과 비용의 낭비라고 여겼다.

브랜드의 아이덴티티와 스토리가 명확하게 연결이 되어야만 의미가 부여된다고 믿었던 오해도 한몫을 했다. 하지만 브랜드 스토리에서 브랜드가 반드시 주인공이 될 필요는 없다. 엄밀히 이야기하자면 오히려 소비자가 브랜드 스토리의 주인공이 되었을 때 그 영향력이 더욱 커지게 된다. 박카스의 스토리 형식의 광고에서도 박카스 브랜드가 아닌, 대한민국을 살아가는 사람들을 주인공으로 내세웠다. 박카스 브랜드는 그들에게 힘을 주는 조연의 역할로 등장한다. 하지만 그렇다고 우리가 박카스 브랜드를 잊지는 않는다. 최근 영화 속 주인공보다 더 큰 인기를 얻는다는 신스틸러처럼 브랜드가 브랜드 스토리에서 역할을 한다면 오히려 소비자들은 더욱 많은 사람들에게 그 브랜드 스토리를 이야기하고자 할 것이다. 그 속에서는 자신이 주인공이 될 수 있기 때문이다.

많은 기업들이 착각하고 있는 것 중 하나가 브랜드 스토리의 주인공은 브랜드라는 것이다. 영화나 소설 속에서 주인공은 감독이나 작가가 아니다. 감독이나 작가가 만들어낸 제삼자가 주인공이 된다. 브랜드 스토리도 이와 같아야 한다. 브랜드 스스로가 주인공이 되기보다는 감독이나 작가가 되어 이야기를 들려주는 역할을 해야 한다. 그리고 이러한 이야기를 들어주는 청중, 즉 소비자들이 원하는 주인공을 만들어야 한다. 그렇다면 가상의 인물을 만들어야 할까? 브랜드 스토리는 한 권의 책이나 한 편의 영화에만 국한되지 않는다. 물론 이런 방식으로 브랜드 스토리가 제작될 수는 있지만, 그것이 전부는 아니다. 주인공도 어느 한 인물이 될 필요는 없다. 브랜드가 제공할 수 있는 서비스나 가치, 혹은 경험들이 모두 주인공이 된다. 이를 어떻게 표현하고 전달할지에 대한 고민은 그 이후에 하면 되는 것이다.

브랜드가 주인공이 되는 브랜드 스토리가 아닌, 브랜드가 욕망의 대상이 될 수 있는 브랜드 스토리여야 한다. 제삼자의 스토리를 끌어들이는 것도 전략적인 방법이 된다. 제삼자에는 경쟁자도 포함된다.

### 베트멍, 공식 짝퉁을 만들다

2014년 파리의 디자이너 7명이 만들어낸 패션 브랜드 베트멍(Vetements)은 한국에서 베트멍 짝퉁 제품이 넘쳐나는 것을 보고 이를 오히려 역으로 활용하기도 했다. 짝퉁을 보고 다시 새로운 짝퉁을 만들었다. 자신들의 제품을 신선하게 재해석한 짝퉁 제품을 공식적인 짝퉁(official fake) 제품으로 제작하여 아예 한정판으로 판매한 것이다. 경기도 남양주 한 창고에서 판매했는데, 레인코트가 12분 만에, 후드 티셔츠는 1시간 만에 품절이 될 정도로 인기를 얻었다. 자신들의 오리지널 브랜드 스토리가 아니라 해도 괜찮다. 오히려 이미 널리 퍼진 가짜 상품에 관한 스토리가 입혀져 더욱 흥미로운 브랜드 스토리로 재탄생된 성공 사례라 할 수 있겠다.

### ━ 브루클린 브루어리, 남의 이야기에 업혀 가다

브랜드와 관련된 다른 사람의 이야기를 브랜드 스토리 소재로 활용하는 것도 좋은 전략이 된다. 예를 들어 미국 뉴욕의 브루클린 브루어리(Brooklyn Brewery)는 종군기자 출신인 스티브 힌디가 1987년 설립한 수제 맥주 회사이다. 술이 금지되는 이슬람 지역에서 일하던 시절에 몰래 맥주를 만들어 마셨던 경험을 바탕으로 수제 맥주 회사를 설립한 것이다.

흥미로운 것은 브루클린 브랜드 로고 디자인을 밀튼 글레이저(Milton Glaser)가 만들어주었다는 점이다. 글레이저는 뉴욕의 아이콘이 된 'I ♥ NY'를 디자인한 유명 디자이너이다. 스티브 힌디는 함께 창업한 톰 포터와 함께 글레이저를 만나기 위해 끊임없이 연락을 했고 마침내 5분의 짧은 미팅 시간을 얻게 되었다. 그들은 5분 안에 밀튼에게 로고를 부탁하기 위해 나름의 전략을 세웠다고 한다. 당시는 아직 사업을 시작한 것이 아니었기에 사업에 대한 이야기보다는 자신들의 맥주에 대한 꿈과 열정을 이야기한 것이다. 미팅이 끝나자 글레이저는 흔쾌히 로고를 제작하기로 하였고, 더 놀라운 것은 글레이저가 디자인 제작비를 받

는 대신 평생 브루클린의 맥주를 공짜로 마시게 해달라는 조건을 내걸었다는 것이다. 이것이야말로 살아 있는 브랜드 스토리 소스이다. 사람들이 관심을 가지고 흥미를 느낄 수 있는 소재가 되는 것이다.

## 1990년대생에 주목하라

브랜드에 소비자의 이야기를 담는 것도 전략이다. 소비자가 브랜드 스토리의 주인공이 되는 것이다. 이는 브랜드가 주인공이 되는 브랜드 스토리보다 더 큰 공감과 믿음을 주게 된다. 많은 기업들이 소비자 체험 후기에 주목하는 이유도 여기에 있다. 아무리 자신들의 제품이 좋다고 입 아프게 떠들어도 소비자들은 주목하지 않는다. 하지만 직접 사용한 사람들의 이야기는 다르다. 믿음이 느껴지고 공감하게 되는 것이다. 그런데 이렇게 이야기하면 많은 기업들은 소비자 체험단을 모집하고, 각종 SNS와 홈페이지를 통해 체험 후기를 억지로 공유하게 하는 것이 효과적인 전략이라 생각한다. 소비자들은 누구보다 똑똑하고 정보 수집력이 뛰어나다. 홍보성 글인지 아닌지는 소비자가 가장 빨리 알아챌 수 있는 것이다. 따라서 기업들은 소비자의 마음을 분석하고 파악하는

Images from: ① freepik.com

일에 집중해야 한다.

특히 소비시장의 큰손이라고 일컬어지는 1990년대생들에 주목해야 한다. 이들은 소비력도 높을뿐더러 SNS를 통해 이야기를 공유하면서 새로운 이야기를 만들어내는 일이 자연스럽다. 이들은 자신이 어떤 사람인지 보여주고자 하는 욕구가 높고, 이전 세대보다 상대적으로 풍요로운 환경에서 자란 만큼 자기 생각을 표출하려는 욕망이 크다. 이와 같은 욕구를 해소시켜줄 수 있는 브랜드 스토리를 만들어준다면 자연히 브랜드 스토리 전파와 구매가 연결된다.

아울러 인스타그램에 올릴 만큼 매력이 있는 '인스타그래머블(instagramable)'한 브랜드 스토리를 위한 전략도 필요하다. 사람들이 인스타그램에 포스팅하는 내용은 지극히 주관적이기 마련이다. 나를 보여주는 방법 중 하나로 활용되는 인스타그램에 브랜드 스토리를 포스팅한다는 것은 내가 주인공이 되었을 때이다. 그렇다면 기업들은 이에 걸맞은 브랜드 스토리 전략을 수립해야 하는 것이다.

**스토리텔링은 비즈니스에서 가장 저평가된 스킬이다.**

게리 베이너척 Gary Vaynerchuck

# 06

## 스토리는 반드시
## 이어져야 한다

풀빌라 펜션에 손님이 가장 많이 모일 때는 언제일까? 당연히 한여름이 가장 호황이고, 나머지 시기에는 손님이 없다고 생각할 것이다. 그런데 여름뿐만 아니라 봄, 가을, 겨울에도 항상 붐비고 펜션에서 보낸 시간들을 손님들이 직접 공유하며 전파하는 곳이 있다. 바로 '한국의 몰디브풍 풀빌라'라는 별명을 가지고 있는 드위트리 펜션이다. 이곳은 하대석 전 SBS 기자가 아버지와 함께 지은 곳이다. 하 씨는 2015년 초 국내 최초의 카드뉴스라 할 수 있는 SBS '스브스뉴스'의 공동기획자이다. 스브스뉴스는 전통적인 방식의 뉴스를 좀 더 많은 사람들이 흥미롭게 볼 수 있도록 하기 위한 아이디어로 탄생하였다. 하 씨의 위트와 아이디어는 드위트리 펜션에도 고스란히 나타난다. 봄에는 '호숫가 봄 웨딩'이라는 스토리를 입히고, 겨울에는 풀장을 얼려 '국내 유일 아이스링크 펜션'이라는 스토리를 입혔다. 이를 통해 성수기인 여름뿐 아니라 사계절 내내 끊임없이 펜션을 찾는 손님이 생겨나게 된 것이다.

브랜드 스토리도 이러해야 하지 않을까? 과연 성공적인 브랜드 스토리란 무엇일까? 드위트리 펜션을 보면서 느낄 수 있듯이 위대한 스토리보다 더 중요한 것은 반복적이고 지속적인 브랜드 스토리이다. 소비자들은 브랜드 스토리를 통해 브랜드를 학습하고 기억하며 자신과 동일시하기도 한다. 이때 브랜드 스토리는 한 번의 폭우보다는 지속적인 가랑비가 더 효과적이다. 브랜드 스토리에 소비자들이 서서히 젖어들 수 있어야 하고, 이를 소비자들이 무의식적으로 받아들여야 하는 것이다. 아무리 거대하고 한 방이 있는 스토리라고 하더라도 그 스토리에 대한 흥미와 관심이 사라지면 브랜드도 끝이 나게 된다. 스토리나 이야기는 영원불변한 것이 아니기에 그 내용을 다 알게 되면 흥미가 사라지는 것은 자연스러운 일이다. 그러므로 브랜드는 소비자들에게 지속적인 이야기를 끊임없이 이어가야 한다. 아울러 이러한 이야기는 소비자들이 공유할 가치가 있다고 느껴야 하고 충분히 공감해야 한다. 하나의 브랜드 스토리로 끝이 나는 것이 아니라 계속 이어지는 브랜드 스토리가 더욱 바람직하고, 성공적인 브랜드 스토리 구축에도 도움이 된다. 스토리 컨티뉴엄(continuum:연속체)이 구축되어야 하는 것이다.

1999년 엘리자베스 2세 영국 여왕의 안동 방문은 엄청난 스토리가 되었다. 거기서 그치지 않고 20년 후인 2019년 차남인 앤드류 왕자가 안동을 방문했다. 이러한 스토리는 전 세계로 퍼져나가게 된다. 한 번의 방문으로 끝나는 것이 아니라 비슷한 맥락으로 이어지고 연결되는 에피소드가 생겨난 것이다.

브랜드 스토리에서 에피소드(episode)는 중요한 요소이다. 에피소드
는 그리스어 에페이소도스(epeisodos:추가하여 넣는 것)가 어원이다. 고대
그리스에서 합창대의 노래와 노래 사이의 대화 부분을 에피소드라 하
였으며, 현재는 긴 이야기나 스토리 속에 존재하는 작은 단위의 '화(話)'
를 의미한다. 이러한 에피소드가 모여 큰 스토리를 이루게 되는 것이
다. 안동시에서는 단순히 방문의 화제성만을 활용하는 데서 그칠 것이
아니라 앞으로도 새로운 스토리를 발굴하고 만들어야 한다.

브랜드 스토리는 소비자에게 브랜드에 대한 감성적 경험을 전달함
으로써 브랜드에 대한 기대감을 높이고, 브랜드에 대한 생각과 태도를
변화시켜 브랜드를 선택할 수 있게 한다. 진정한 공감이 일어나게 만드
는 것이다. 이때 단 하나의 스토리로 한 번의 선택을 받았다고 하여 또
다시 선택을 받을 수 있으리란 보장은 없다. 따라서 브랜드 스토리는
지속성을 가져야 하는 것이다. 브랜드 스토리는 소비자들과의 진정한
공감과 소통을 꾀할 수 있게 한다. 이를 위해서는 일방적으로 브랜드
스토리를 전달하는 것에 그치지 않고, 지속적으로 소비자와의 상호 커
뮤니케이션을 통해 브랜드 스토리를 발전시키고 진화시켜야 한다.

이때 중요한 것은 기존의 브랜드 스토리와 일관성을 유지하는 것이
다. 아무리 다양한 여러 개의 스토리가 존재할지라도 이들 사이에 공통
분모가 없다면 오히려 소비자들에게 혼란을 초래할 수 있다. 기업과 브
랜드에는 여러 개의 브랜드 스토리가 존재할 수 있어야 한다. 이를 꼭
거대한 하나의 브랜드 스토리로 통일시킬 필요는 없다. 여러 개의 브랜

드 스토리일지라도 이를 체계적으로 관리하여 시너지가 일어날 수 있다면 성공적인 브랜드 스토리라 할 수 있다. 중요한 것은, 소비자들의 관심과 가치가 무엇인지를 지속적으로 살피며 이를 브랜드 스토리에 녹여서 지속적으로 새로운 브랜드 스토리를 보여주는 것이다. 한 방의 스토리보다 여러 개의 작은 스토리들이 더욱 큰 힘을 발휘할 가능성이 여기에 있다. 한 방의 브랜드 스토리를 만들겠다는 생각보다는 브랜드 스토리를 브랜드의 핵심 전략으로 삼겠다는 생각이 더욱 중요하다. 브랜드 스토리가 브랜드 콘셉트가 되고, 체험으로도 나타나고, 브랜드 비전으로도 드러날 수 있도록 아주 여러 방면에서 브랜드 스토리가 만들어져야 한다.

## ▬ 몽블랑과 까스텔바작, 남의 힘을 빌리다

나만의 스토리만으로는 좀 부족하다는 생각이 든다면 다른 이의 스토리를 과감히 끌어들이는 것도 좋은 전략이 된다. 몽블랑이 어린왕자의 스토리를 브랜드에 입힌 것처럼 말이다. 몽블랑(Montblanc)은 1906년에 설립된 독일의 명품 브랜드로 만년필을 비롯한 필기구, 가죽제품,

시계, 주얼리, 향수 등의 제품을 판매하고 있다. 브랜드는 알프스산맥에서도 가장 높고 웅장한 산인 몽블랑의 이름에서 유래하였고, 로고로 사용되는 몽블랑 스타 또한 몽블랑의 정상을 의미한다.

몽블랑 브랜드 제품 중 대표 격은 1924년 출시된 프리미엄 만년필 마이스터스튁(Meisterstück)이다. 이 만년필의 디자인은 오랫동안 유지되어왔다. 그러던 중 몽블랑은 이 오래된 만년필에 어떤 스토리를 입힐지 고민하였고, '어린왕자'의 스토리를 입혀 두 번에 걸쳐 '마이스터스튁 르 쁘띠 프린스(Meisterstück Le Petit Prince)'를 선보이게 되었다. 어린왕자의 스토리를 만년필에 입히면서 디자인뿐 아니라 만년필의 캡 부분에는 소설 속 문장 '내게 있어 너는 이 세상에서 유일해(Tu seras pour moi unique au monde)'와 '어른들은 누구나 다 처음엔 어린아이였다. 그러나 그것을 기억하는 어른은 별로 없다(Toutes les grandes personnes ont d'abord été des enfants. Mais peu d'entre elles s'en souviennent)'를 새겨 놓았다. 이렇게 어린왕자의 스토리를 입힌 몽블랑 만년필은 약 153만 원이다. 몽블랑 브랜드도 너무나 좋아하고 어린왕자 또한 너무나 좋아하는 나로서는 욕심이 나는 제품이지만 가격이 비싸 구매는 나중으

로 미루고 사진만 찍었다.

이렇게 브랜드에 문학이나 감성적인 작품의 스토리를 입히게 되면 그 스토리의 감성이 고스란히 입혀지게 되는 장점이 있다. 한국에서 골프웨어로 유명한 까스텔바작(CASTELBAJAC)은 유니버설 스튜디오의 인기 캐릭터 미니언즈(MINIONS)와 콜라보레이션을 했다. 미니언즈의 대표적인 노랑색을 활용하거나 노르딕 패턴에 미니언즈 캐릭터를 더한 스페셜 디자인 에디션 제품을 선보였다. 이러한 패션 브랜드들의 콜라보레이션은 새로운 경험을 제공할 수 있는 이점이 있다.

## 슈프림, 차별화된 경험을 제공하다

패션브랜드인 슈프림(Supreme)의 경우 지속적인 콜라보레이션을 통해 이슈를 만들고 이에 관한 브랜드 스토리를 끊임없이 만들어낸다. 슈프림은 1994년 제임스 제비아(James Jebbia)에 의해 탄생한 스트리트 패션 브랜드로, 전 세계 젊은이들이 열광하는 브랜드이다. 소비자들이 슈프림 제품을 구매하는 과정에서 겪는 경험이 하나의 이야깃거리가 되어주기 때문인데, 1990년대부터 차별화 전략으로 활용해온 콜라보레이션이 한몫을 한다고 할 수 있다. 세계 최고의 명품 브랜드인 루이비통(LOUIS VUITTON)과 슈프림의 콜라보레이션 제품을 판매할 때도 사람들이 매장 앞에서 전날 밤부터 진을 치고 기다리고 있을 정도였다. 이렇게 전통의 럭셔리 브랜드인 루이비통이 슈프림과 콜라보레이션을 하는 이유는 새로운 스토리가 필요해서이다.

슈프림은 소비자들이 제품을 구매하는 과정에서 경험하는 모든 것

들을 차별적으로 만들어준 것이다. 이뿐 아니라 슈프림은 매주 목요일에 신제품을 극소량만 판매하는 드롭(drop) 방식을 활용한다. 소비자들은 이렇게 구한 제품에 대한 이야기들을 자연스럽게 공유하고 다른 사람들에게 전달한다. 소비자들이 슈프림의 브랜드 스토리를 끊임없이 만들어주고 있는 것이다. 이는 신제품에 대한 이야기일 수도 있고, 소비자들이 직접 제품을 구입하는 과정에서 겪은 경험담일 수도 있다. 중요한 것은 슈프림에 관심이 있는 소비자들은 이러한 이야기들에 집중할 것이고 흥미를 느낀다는 것이다. 또한, 슈프림이 다양한 방식으로 콜라보레이션을 진행하면서 출시하는 한정판들은 소비자들로 하여금 슈프림 로고가 있다면 쓰레기도 비싼 값으로 구매하겠다는 이야기가 나올 정도로 인기를 얻고 있다. 2018년에는 하루에 23만 부가 발행되는 미국 뉴욕포스트 신문이 약 2시간 만에 완판되기도 했다. 뉴욕포스트의 1면에 헤드라인 기사가 아닌 슈프림의 빨간색 직사각형 로고가 있었기 때문이다. 종이신문에 관심도 없었던 젊은 층이 뉴욕포스트 신문을 구하기 위해 애쓰는 스토리는 당시에 큰 이슈가 되기도 했다. 재밌는 사실은 이런 생각지도 못한 콜라보레이션을 먼저 제안한 회사는 슈프림이었다는 것이다. 둘 다 뉴욕에서 시작하였고, 브랜드 로고에 대한 애착과 관심이 높다는 공통점이 있으니 협업한다면 시너지효과를 얻으리란 믿음이 있었다고 한다. 그 결과 약 2시간 만에 완판을 기록했고, 이후 판매가의 20~30배가 넘는 가격으로 재판매되기도 하였다.

이렇게 슈프림은 자신들만의 차별화된 전략을 활용하면서 이와 관련된 브랜드 스토리를 끊임없이 지속적으로 만들어내고 있다. 거듭 강조하지만, 꼭 한 방이 있는 거대한 스토리여야만 하는 것은 아니다. 이처럼 소비자들이 직접 경험하고 화제가 될 수 있는 이야기들이 끊임없이 이어질 수 있도록 하는 것이 중요하다.

### ━ 곰표, 밀가루 회사가 티셔츠와 화장품을?

1952년에 만들어진 대한제분의 밀가루 브랜드 곰표는 중장년 고객들에게는 친숙한 밀가루 브랜드이지만, 밀가루 소비가 줄어들면서 1020세대에게는 익숙하지 않은 브랜드이다.

젊은 소비자가 곰표를 모른다면 가장 큰 고객인 제과, 제빵 기업들이 곰표 대신 다른 브랜드를 선택할지 모른다는 걱정을 하게 된 대한제분은 인지도와 선호도를 높여 브랜드를 재활성화할 수 있는 전략이 필요했다.

2018년 7월부터 곰표는 색다른 시도에 도전했다. 브랜드를 활용하여 다양한 굿즈를 판매하고, 다양한 콜라보레이션을 시도하면서 1020세대들이 SNS에서 자연스럽게 곰표에 대해 이야기할 수 있는 판을 만들어갔다. 그 첫 시작은 의류업체 4XR와 함께 제작한 티셔츠 5종이다.

티셔츠는 인기를 얻으며 7차 판매까지 연이어 완판을 기록했다. 뷰티 브랜드인 스와이코코와 콜라보레이션하여 콤팩트와 선크림을 선보였고, 애경 2080 치약 브랜드와 함께 곰표치약을 출시하기도 했다. 2019년 12월에는 CGV 영화관에서 20kg짜리 밀가루 포대에 팝콘을 담아 '왕곰표 팝콘'을 판매하기도 했다. 이는 SNS를 통해 입소문이 나면서 사람들이 영화보다는 '곰표 팝콘'을 먹기 위해 CGV를 찾아와 줄을 서는 소동이 발생하기도 했다. 편의점 CU와 양조사 세븐브로이와 함께 '곰표 밀맥주'를 선보이기도 했는데 3일 만에 초도 물량 10만 개가 완판될 정도로 인기를 얻었다.

곰표와 관련한 콜라보레이션은 모두 성공했다고 할 수 있는데, 이는 브랜드의 정체성에 연결되는, 스토리가 있는 콜라보레이션이었기 때문이다. 빅사이즈의 티셔츠는 밀가루 포대를 연상시켰고, 미백 화장품과 치약은 하얀 밀가루와 연결이 되었다. 밀가루와 밀맥주의 연관성은 자연스러웠다. 그리고 곰표 브랜드의 곰이 친숙하면서도 어느 곳에든 어울리는 모습으로 고객들에게 친숙한 이미지를 전달했다.

곰표는 이런 성공적인 콜라보레이션이 그저 일시적인 이벤트로 끝나 고객의 관심이 사그러들지 않도록 2018년 9월 온라인 쇼핑몰 '곰표 베이커리하우스'도 준비했다. 이곳에서는 곰표 브랜드를 활용한 식품과 다양한 굿즈를 판매하기도 하고, 곰표 브랜드에 관한 스토리를 자연스럽게 전달하기도 한다. '곰 하면 어떤 곰이 가장 먼저 떠오르나요?'라는 질문으로 시작하는 브랜드 스토리는 코카콜라의 친숙한 북극곰 캐릭터와 자신을 비교하기도 하면서 자연스럽게 이야기를 이어간다. 곰표 브랜드 로고 속에 등장하는 곰이 화자가 되어 자신의 이야기를 들려주는 형식이다. 곰표는 이렇게 고객들과 눈높이를 맞추고 커뮤니케이션을 이어가려고 노력한다. 그것이 다양한 굿즈 제품이 될 수도 있고, 온라인몰에서 진행되는 밀가루로 만든 빵에 관한 소개도 될 수 있다. 중요한 것은, 곰표는 이야기가 멈추지 않도록 계속해서 이야깃거리를 만들어낸다는 점이다.

## 신사임당 주언규, 일관성 있는 유튜버

평범한 30대가 안정적인 직장을 그만두고 30대에 사업을 시작하였다. 그 결과 성공한 사업가가 되었다는 이야기로 끝이 나야 할 것 같지만, 주언규 씨는 그러지 못했다. 계속해서 여러 사업에서 실패를 거듭했다.

주 씨가 성공을 이룬 것은 사업이 아닌, 사업으로 월 1000만 원을 벌 수 있는 노하우에 관한 콘텐츠 덕분이었다. 2018년 5월 유튜브에 신사임당이라는 채널을 개설하고 '가난에서 벗어나는 방법', '100만 원으로 사업을 시작하는 현실적인 방법' 등에 대한 콘텐츠를 업로드하면서 현재 140만 명(2021년 3월 기준)의 구독자를 보유한 유명 유튜버가 되었다.

유튜브에서는 많은 사람들이 다양한 이야기를 만들고 전달한다. 비슷한 콘셉트와 콘텐츠가 많기 때문에 그 속에서 인기를 얻는다는 것은 대단한 일이다. 신사임당은 우선 자신이 경험한 일들을 바탕으로 노하우를 전달하는 스토리에 주력했다. 많은 사람들이 그의 이야기에 공감했지만, 한 개인의 경험과 노하우에는 한계가 있었다.

소재가 고갈될 즈음 자신뿐 아니라 다른 사람들의 노하우와 이야기를 전달하는 매개체가 되어야겠다는 생각을 했다. 이에 CEO, 경제 전문가, 의사, 사업가, 전업주부 등 다양한 사람의 경제 관념과 삶의 노하우를 인터뷰하는 스토리를 담기 시작했다. 하지만 처음 신사임당의 스토리에서 크게 벗어나지는 않았다. 단순 인터뷰가 아니라 그들이 돈을 벌게 된 과정과 노하우를 담았다. 화자가 주 씨 한 개인에서 벗어나 다양한 사람이 된 것이다. 이는 브랜드 스토리에 있어 일관성이 얼마나 중요한지를 보여준다. 브랜드 스토리는 여러 다양한 이야기로 만들어

질 수 있다. 조금씩 달라지고 변화되는 스토리는 오히려 사람들에게 흥미롭게 느껴진다. 그러나 브랜드의 정체성을 위해서는 일관된 콘셉트와 기획이 필요하다. 중심이 있고, 거기에서 뻗어나가야 하는 것이다.

나에게 말로 하면 에세이이고, 보여주면 스토리이다.

바바라 그린 Barbara Greene

# 07

# 비언어적인 면에
# 주목하라

브랜드 스토리의 중심은 '스토리'가 아닌 '브랜드'이다. 스토리는 브랜드를 위한 중요한 요소일 뿐이다. 오늘날 브랜드 스토리는 크게 주목받고 있다. 많은 기업들이 브랜드 스토리를 꿈꾸고, 그 꿈을 실현시키기 위해 노력하고 있다. 그럼에도 불구하고 성공하지 못하는 기업이 많은 이유는 바로 스토리에만 집착해왔기 때문이다.

스토리라고 하면 우리는 흔히 텍스트로 된 언어적 부분만을 떠올리게 된다. 하지만 진정한 브랜드 스토리는 비언어적 부분까지 모두 포함한다. 브랜드 스토리를 개발해야 하는 것이다. 우리는 지금까지 브랜디드 엔터테인먼트(Branded Entertainment)와 브랜드 스토리를 구별하여 왔다. 하지만 엄밀히 따지자면 브랜디드 엔터테인먼트는 브랜드 스토리의 한 종류였다. 브랜드가 가지고 있는, 이야기가 될 수 있는 '거리',

'소스'가 영화와 같은 영상으로 만들어졌을 뿐이다. 우리는 이제부터 브랜드 스토리를 단순히 언어적인 부분에 국한하지 말고, 좀 더 범위를 넓혀 생각해야 할 것이다.

이미 소비자들은 인터넷 환경에서 텍스트보다는 이미지를 선호하게 되었고, 이제는 한 걸음 더 나아가 이미지보다 동영상을 선호하고 소비하고 있다. 따라서 기업의 브랜드 스토리도 텍스트보다는 이미지나 동영상으로 전달하였을 때 소비자들이 받아들이고 공감하기에 유리하다. 주로 가벼운 볼거리를 짧은 시간 동안 즐기기를 바라는 소비자들에게 길고 장황한 브랜드 스토리를 전달하려고 해도 아무도 귀 기울여 들어주지 않을 것이다.

이러한 흐름은 SNS에서도 나타난다. 텍스트에 중점을 두었던 페이스북도 이미지에 주목하고 있다. 젊은이들은 1분 내외의 동영상 콘텐츠를 올릴 수 있는 기능을 추가한 인스타그램에 열광한다.

이제는 영상 편집 앱 '틱톡(TikTok)'에도 주목해야 한다. 틱톡은 중국의 스타트업 바이트댄스가 선보인 서비스로 15초 길이의 영상을 만들고 공유할 수 있는 앱이다. 2014년 8월 출시하여 이듬해 100만 명의 이용자를 모은 것을 시작으로 이제는 150여 개 국가에서 75개 언어로 이용되고 있다. 틱톡은 세로 기반으로 동영상을 촬영할 수 있다. TV화면에 익숙한 우리에게 동영상은 자연히 가로 형태로 생각된다. 그런데 세로 기반으로 촬영을 하니 마치 셀카를 찍듯 자신을 주인공으로 주목시키기에 좋다. 이런 틱톡의 특징은 자신의 끼와 능력을 보여주고 싶어하는 이들에게 하나의 무대로 활용이 가능해진 것이다. 자연스럽게 자신을 표현하고자 하는 10대 20대들이 열광할 수밖에 없는 것이다.

소비자들이 들어주길 원한다면 기업은 그들이 원하는 형태의 브랜드 스토리를 전달해야 한다. 이제는 브랜드 스토리에 무엇을 담을지를 고민함과 동시에 어떻게 표현하고 전달할 것인지에 대해서도 함께 고민해야 하는 것이다.

텍스트나 이미지를 넘어 영상으로 브랜드 스토리를 전달할 때 그 주체가 꼭 기업이나 브랜드가 되지 않아도 좋다. 소비자들이 직접 이야기하고 스토리를 만들어낼 때 브랜드 스토리는 그 힘이 커진다. 브랜드와 관련하여 살아 있는 이야기들, 다른 소비자들과 함께 공감하고 공유할 수 있는 이야기들, 무엇보다 기업의 관점이 아니라 소비자의 관점으로 만들어진 브랜드 스토리가 더 큰 파급력을 가지기 마련이다.

## 롱거버거, 건물이 스토리가 되게 하다

수제바구니로 1조 원대의 매출을 기록하여 놀라움을 주었던 롱거버거(Longaberger Company)는 회사 건물로 브랜드 스토리를 전달한다. 바로 바구니 모양의 건물이다. 수제바구니를 만드는 회사답게 자신들의

대표 상품 바구니 모양을 본떠 사옥을 지었다고 한다. 미국 오하이오 주의 명물로 떠오른 롱거버거의 사옥은 다른 이야기를 하지 않아도 비주얼 그 자체로 롱거버거가 무슨 회사이고 무엇을 판매하려고 하는지를 소비자들이 알 수 있게 한다. 아울러 비주얼만으로도 수많은 다양한 이야기를 보여줄 수 있다. 롱거버거의 사옥 디자인은 원래 바구니 모양이 아니었다고 한다. 다른 기업과 마찬가지로 웅장한 건물을 지으려 했는데, 설립자인 데이브 롱거버거가 7층 높이의 바구니를 형상화한 지금의 모습을 제안했다고 한다. 자연히 사람들은 관심을 가지게 되었고, 이에 대해 많은 이야기를 나누게 된 것이다.

## 빅토리아 시크릿, 스토리를 보여주다

이야기가 아닌 패션쇼로 브랜드 스토리를 보여주는 기업도 있다. 바로 미국 최대의 속옷 브랜드 빅토리아 시크릿(Victoria's Secret)이다. '빅토리아 시크릿 패션쇼(Victoria's Secret Fashion Show)'라는 이름으로 매년 연말에 열리는데, 특히 패션쇼에 등장하는 세계 최고의 모델들을 '빅토리아 시크릿 에인절'이라고 칭하며, 이들은 세계에서 가장 아름다운 인물 100인 순위에 포함되기도 한다. 빅토리아 시크릿 에인절이 되면 세계적 슈퍼모델로 인정받게 되는 것이다. 1995년 첫 란제리 패션쇼가 열렸고, 1999년에는 인터넷으로 생중계되기도 했다. 아울러 뉴욕 타임스퀘어 광장에서도 패션쇼를 보여주며 세계적으로 화제를 불러일으키기도 했다. 또한, 빅토리아 시크릿의 패션쇼에는 그해 최고의 가수들도 함께 등장하는데, 패션쇼 자체가 하나의 문화가 되었다고 할 수 있

다. 매년 마이애미, 로스앤젤레스, 칸 등 다른 장소에서 다른 테마를 가지고 호화롭게 진행되는 것이다. 아울러 빅토리아 시크릿이 전달하고자 하는 브랜드 이미지를 패션쇼를 통해서 고스란히 전달할 수 있고, 이것이야말로 브랜드 스토리가 되는 것이다. 그러나 이렇게 소비자들에게 큰 관심을 받았던 빅토리아 시크릿 패션쇼도 시청률 하락이라는 시대의 변화에 따라 20년 만에 막을 내릴 예정이라고 한다. 2001년 처음 방송으로 중계된 이후 매년 꾸준한 시청률을 보였는데, 2013년 970만 명이었던 시청자가 2018년에는 330만 명에 그쳤다고 한다. 이 기회를 통해 빅토리아 시크릿은 또다시 새로운 방법으로 브랜드 스토리를 전달하는 것에 대해 고민해야 한다. 중요한 것은 브랜드 스토리가 꼭 언어적인 부분으로 표현되어야 한다는 생각에서 벗어나 다양한 방법으로 전달될 수 있음을 인식하는 것이다.

## 영상을 활용한 브랜드 스토리 '29초 영화제'

2011년부터 시작된 한국경제신문의 29초 영화제는 이러한 심리를 제대로 반영한 영화제라 할 수 있다. 매달 새로운 주제를 가지고 경쟁을 펼치는데, 박카스나 야놀자 등의 브랜드들이 소비자들의 브랜드 스토리 활용법으로 사용되기도 한다.

최근에는 제너시스비비큐 그룹에서 '비비큐 29초 영화제'를 진행한바 있다. 영화제 이름도 독특하게 '치노애락'이다. 이미 치킨과 관련하여흥미로운 스토리를 만들어내는 것은 배달의민족에서 진행하는 치믈리에시험이 있다. 치킨을 좋아하는 사람이라면 누구나 볼 수 있는 시험으로, 치믈리에는 와인 전문가인 소믈리에와 치킨의 합성어이다. 많은 소비자들의 관심을 끌고 인기를 얻었던 치믈리에 그리고 그보다 더 흥미로운 비비큐의 치노애락. 치킨과 관련하여 누구나 겪는 희로애락을 29초라는 시간에 자신만의 아이디어와 창의적인 콘텐츠로 제작하면 된다. 혼자서 먹는 1인 1닭 에피소드, 늦은 밤 먹는 야식 에피소드, 자신만의 치킨 레시피에피소드 등 치킨에 얽힌 이야기를 자유롭게 하면 되는 것이다. 이 영화제 영상은 또 다른 소비자들에게 공감을 불러일으키는 브랜드 스토리가된다. 특히 영상으로 제작된 브랜드 스토리는 텍스트로 된 브랜드 스토리보다 더 쉽게 전달되어 브랜드 버즈 역할을 톡톡히 한다.

이렇듯 브랜드 스토리를 만들어내고 전달할 때 어떠한 방식을 활용할 것인지에 대한 고민은 전략적으로 이루어져야 한다.

# 08

# 자신만의 독특한
# 스토리믹스를 활용하라

성공적으로 소비자에게 매력을 어필할 수 있는 브랜드 스토리를 위해서는 스토리믹스가 필요하다. 스토리믹스는 5S, 즉 Sociality(사회성), Substance(본질), Style(스타일), Significance(의미), Sharability(공유성)이다. 스토리믹스는 균형적으로 갈 수 있으나 하나의 요소를 집중적으로 전략화해서 활용한다면 더 큰 매력을 발휘할 수 있다.

**첫째, 스토리에는 사회성(Sociality)이 있어야 한다.**

사회성이란 스토리가 혼자서 동떨어지지 않고 사회적인 요소를 가지고 있어야 한다는 의미이다. 브랜드 스토리는 그 자체로 하나의 커뮤니티의 일환이 되어야 한다. 즉, 브랜드 스토리가 혼자 떨어져 아무도 듣지 않는 이야기를 해서는 안 되는 것이다. 자기중심적, 기업중심적인 브랜드 스토리가 아니라 다른 사람이 들을 수 있는 이야기를 하여야 한다.

'출판사 박대리'의 콘텐츠를 예로 들 수 있다. 작가정신 출판사 블로 그에서 '박 대리의 업무 외 일지'라는 글이 2018년부터 2019년 이직 전 까지 약 1년이 넘는 시간 동안 이어졌다. 그곳에서 박중혁 대리가 하는 이야기는 단순히 작가정신의 책들을 홍보하는 것이 아니다. 책이나 작 가를 소개하는 것이 아니라 출판업계에 대한 이야기, 출판사 업무, 연 봉 등에 대한 이야기를 한다. 독자들과 편하고 가깝게 그리고 친근하게 소통하는 것이 목적인 것이다. 포스팅 글이 올라오면 팬덤으로 구축된 독자들이 댓글을 달고 박 대리는 답글을 단다. 이야기가 이어지고 커뮤 니티가 만들어지는 것이다. 현재는 흐름출판으로 이직하여 블로그가 아닌 인스타그램을 통해 또다시 이야기를 이어가고 있다. 블로그를 통 해서 보여주었던 긴 글보다는 이미지와 간단한 글 위주의 스토리 콘텐 츠를 보여주고 있는데, 여기에서도 본인이 근무하고 있는 흐름출판에 국한된 이야기만 하는 것이 아니다. 다른 사람들이 모두 함께 들을 수 있는 이야기를 하고 있다.

**둘째, 스토리는 본질(Substance)을 가져야 한다.**

알맹이가 있어야 하고, 깊이가 있어야 하는 것이다. 브랜드 스토리의

목표가 명확해야 한다. 화려함보다는 본질이
중요하다. 원석이 좋아야 이를 갈고 닦아 보석
을 만들 수 있듯, 보석이 될 수 있는 원석으로
서의 브랜드 스토리가 필요하다. 브랜드 스토
리에 본질이 담긴다면 설사 스토리가 오래되
어 흥미를 잃게 되더라도 다시 재생산될 수 있
다. 브랜드 스토리에도 수명이 있기 때문이다.
SLC(Story Life Cycle)라 불리는 브랜드 스토리
수명은 스토리가 가지고 있는 본질에 따라 길
어질 수도 짧아질 수도 있다.

　　부산 국제시장의 경우 2014년 개봉한 「국제
시장」의 흥행에 맞추어 국제시장이라는 브랜
드 자체에 스토리가 입혀져 많은 관심을 받았
고, 많은 사람들이 그곳을 찾았다. 하지만 영
화에 대한 관심이 없어지면서 더 이상 국제시
장은 이전의 관심을 받고 있지 못하다. 「겨울
연가」를 통해 알려진 남이섬 브랜드도 마찬가
지이다. 드라마가 끝나고 나서는 국내외 많은

드라마 팬들이 그곳을 찾았지만, 시간이 흘러 드라마가 잊혀져가면서
남이섬도 함께 사라질 것 같았다. 그러나 남이섬은 새로운 스토리와 체
험으로 콘텐츠를 지속적으로 보강해나갔다. 단순히 겨울연가 속 남이
섬이 아니라 남이섬을 새로운 하나의 공간으로 재정의하면서 본질을

만들어내었더니 그 이후에 다른 콘텐츠와 스토리를 입히는 것을 어렵지 않게 이어나갈 수 있었던 것이다. 사람들은 단순히 최고의 스토리를 좇는 것보다는 유일한 나만의 스토리를 더 매력적이라 생각하고 관심을 갖기 때문이다.

**셋째, 차별적인 스타일(Style)이 있어야 한다.**

브랜드 스토리에는 여러 가지 요소들이 포괄적으로 내포되어 있을 수 있다. 하지만 그 스타일에 있어서는 명확해야 한다. 브랜드 스토리를 접할 때 우리가 쉽게 상상하고 이미지화할 수 있을수록 매력적이다. 이미지를 연상할 수 있는 스토리여야 하는 것이다. 이니스프리(Innisfree)는 아일랜드의 시인 윌리엄 버틀러 예이츠(William Butler Yeats)의 '이니스프리의 호수 섬(The Lake Isle of Innisfree)'이라는 시에 나오는 섬 이름을 딴 브랜드이다. 이니스프리는 아일랜드 슬라이고(Sligo) 근처에 있는 나무가 우거진 매우 아름다운 작은 섬이라고 한다. 자연주의를 콘셉트로 하고 있는 이니스프리와 잘 어울리는 네이밍이다. 나무가 우거지고 맑은 호수가 있는 섬의 이미지가 브랜드 스토리에 담겨 브랜드 이미지를 만들어낸다.

**넷째, 브랜드 스토리에 의미(Significance)가 있어야 한다.**

의미가 없는 브랜드 스토리는 성공할 수 없다. 여기서 의미는 거창할 필요는 없다. 개개인이 스스로 의미를 찾을 수 있도록 여지를 남겨두는 것이 더 바람직하다. 의미라는 것은 주관적이다. 하지만 이를 위한 장치를 마련하는 것은 매우 객관적인 일이고, 전략적으로 실행되어야 하는 일이다.

수많은 기업의 CEO를 비롯하여 성공을 바라는 사람들에게 필수품이자 상징과도 같은 존재인 몽블랑. 나도 CEO 시절에 몽블랑 만년필을 선물 받기도 하고, 직접 구매하기도 하여 세 개나 가지고 있다. 성공을 기원하거나 성공한 사람의 의미를 담고 있는 몽블랑은 어떻게 브랜드 스토리에 그 의미를 담을 수 있었

을까? 몽블랑은 설립된 지 3년 후인 1909년부터 고품질의 만년필을 강조하기 위해 '몽블랑'이라는 단어를 제품 이름으로 사용하면서 소비자들에게 크게 각인되기 시작했다. 몽블랑에게도 위기는 있었다. 세계대전 이후 저렴한 가격의 볼펜이 상용화되면서 만년필 시장이 위기에 처하게 된 것이다. 많은 만년필 제조업체들이 1960~70년대에 사업을 접기에 이르렀다. 하지만 몽블랑은 계속 만년필에 집중했다.

특히 대부분 장인들의 수작업으로 이루어지는 150단계 이상의 공정을 거쳐 만들어지는 만년필은 소비자들로 하여금 단순 필기구로서의 만년필 그 이상의 가치를 느낄 수 있게 하였다. 아울러 몽블랑은 유명 인사들에게 만년필을 선물하기 시작했다. 그들은 중요한 자리에서 서명할 일이 있을 때면 자연스럽게 양복 안주머니에서 몽블랑 펜을 꺼내 들었다. 냉전의 상징이었던 베를린 장벽이 무너질 때 헬무트 콜 서독 총리와 드 메지에르 동독 총리가 통일 조약서에 서명한 것도 몽블랑 만년필이었다. 이뿐 아니라 영국의 엘리자베스 2세 여왕, 미국의 케네디 대통령, 고르바초프 러시아 대통령 등 각국의 유명 인사들이 중요한 문서에 서명할 때마다 몽블랑을 사용하면서 자연스럽게 성공한 사람들을 상징하는 최고급 만년필로 자리매김할 수 있었던 것이다.

**다섯째, 브랜드 스토리는 공유성(sharability)을 가져야 한다.**

소비자와 고객이 브랜드 스토리를 먼저 공유하고 싶게 만들어야 한다. 남에게 들려주고 싶지 않은 브랜드 스토리는 별 필요가 없어진다. 의미와 가치를 가지고 있는 브랜드 스토리는 공유할 수 있는 여지를 만들어주고, 소비자들은 자신의 연대성과 소속감을 위해 자연스럽게 공유하게 된다.

여기서 중요한 것은, 스토리 자체에서 공유성을 강요해서는 안 된다. 저절로 퍼지고 확산될 수 있도록 해야 한다. 이때 인플루언서(influencer)를 활용하는 것은 좋다. 단순히 유명한 인플루언서들에게 스토리를 퍼 나르도록 하는 브랜드 활동이 아니라 인플루언서들이 직접 스토리 크리에이티브를 만들어가게 하는 것이다. 광고 모델이 스토리

텔러가 되어 일방적으로 광고하던 시대는 이제 끝났다. 매스미디어의 점유율이 하락함에 따라 그 위력도 떨어지고 있는 것이다. 오히려 인플루언서들이 살아 있는 공유를 해줄 때 그 영향력이 더 크다고 할 수 있다. 특히 스토리 크리에이티브의 주역이 된 인플루언서들의 스토리를 소비자가 퍼다 나를 때 스토리의 확산은 훨씬 활발해진다.

**사람들은 스토리로 말한다.**

루크 설리반 Luke Sullivan

## 콜라보레이션의 힘

혼자 하기 어려운 일은 함께 하면 된다. 콜라보레이션이 필요한 이유다. 많은 기업들이 다양한 방식으로 콜라보레이션을 한다. 침체된 브랜드가 성장할 수 있는 기회를 만들어주고, 대상에 따라 자신들이 갖고 있지 않은 매력, 타겟, 인기를 자연스럽게 얻을 수 있기 때문이다. 그래서일까? 브랜드 시장이 침체되면서 더 많은 브랜드들이 다양한 방법으로 콜라보레이션을 하고 이를 통해 전혀 새로운 브랜드 스토리를 만들어내고 있다. 그 방법에 있어서도 단순히 캐릭터나 디자인을 덧입히는 수준의 콜라보레이션이 아니라 제품 자체를 새롭게 만들어내거나 스토리나 콘텐츠가 주목받을 수 있는 방법으로 변화하고 있다. 재미와 독특함, 더불어 스토리까지 함께 구매하는 펀슈머, 스토리슈머들을 위한 한정판의 형태로 콜라보레이션 전략을 활용하는 것이다.

국내 시장에서 국산 맥주는 그다지 인기를 끌지 못했다. 오히려 일본산 등 수입 맥주가 더 인기였다. 그런데 일본 제품 불매운동이 사회적 현상으로 두드러지며 국산 수제맥주가 존재감을 드러내기 시작했다. 특히 밀가루 제조사인 대한제분과 맥주 제조업체 세븐브로이, 편의점 유통브랜드 CU가 콜라보레이션하여 만들어진 곰표 밀맥주는 선풍적 인기를 끌었다. 출시 3일 만에 초도 물량인 10만개 완판에 품절 대란으로 구하기만

하면 SNS에 인증샷을 올릴 정도로 소비자들 사이에서 작은 재미를 주기도 했다.

이후 곰표 밀맥주의 인기에 힘입어 CU는 2020년 10월 말표 흑맥주를 출시하였다. 말표 흑맥주에는 1970년대 구두약 시장을 제패한 말표 구두약의 대표적 디자인인 야생마 캐릭터가 보리 이삭을 물고 있는 모습이 담겨 있다. 예전에 말표 구두약에 그려져 있던 그 야생마이다. 말표 구두약의 제조사인 말표산업은 1955년에 창업한 기업이다. 부모 세대들이나 알고 있는 이 브랜드가 왜 이리도 지금 인기를 얻게 된 것일까. 야생마 캐릭터가 신선한 것도, 독특한 것도 아닌데 말이다. 여기에는 스토리가 있기 때문이다. 말표 흑맥주 캔에는 '부모님 구두 옆에 늘 놓여 있던 말표. 추억의 말표가 스퀴즈 브루어리와 만나 시원한 흑맥주로 탄생하였습니다. 어엿한 어른이 된 우리, 이제 말표 흑맥주를 함께 즐겨요.'라고 쓰여 있다.

단순히 말표 브랜드의 이미지와 흑맥주를 콜라보레이션한 것이 아니라 과거 우리 부모님이 열심히 살아왔던 그 시절을 함께했던 말표와, 그 시절 부모님의 마음을 조금은 알 것 같은 어른이 된 내 옆에 있는 말표, 바로 스토리가 감성으로 연결되는 것이다. 브랜드가 성공하기 위해서는 이런 콜라보레이션 전략이 필요하다.

책과 콜라보레이션하여 정말 말 그대로 제품에 스토리가 담기게 한 사례도 있다. 2019년 발간되어 베스트셀러가 된 『죽고 싶지만 떡볶이는 먹고 싶어』와 CU가 콜라보하여 출시한 '죽떡먹떡볶이'이다. 『죽고 싶지만 떡볶이는 먹고 싶어』는 백세희 저자가 가벼운 우울증상을 앓으며 정신과 전문의와 상담한 내용을 정리한 책으로, 많은 독자들의 공감을 얻으며 베스트셀러에 올랐다. 정신과 치료를 받을 정도로 힘들고 죽고 싶은 생각까지 들지만 떡볶이는 또 먹고 싶다는, 조금은 황당하지만 너무도 이해 가능한 이야기인데, 그 책 표지를 그대로 딴 떡볶이는 얼핏 보면 정말 책과 똑같다. 책을 간략하게 설명하는 옆모습부터 앞표지 디자인까지 말이다. 한정판으로 출시된 죽떡먹떡은 많은 사람들에게 인기를 얻으며 성공을 거두었다. 책과 음식이 서로 콜라보레이션을 이루어 감성적인 공감대를 형성하며 새로운 이야기를 만들어낸 성공 사례인 것이다.

콜라보레이션을 통해 재미와 즐거움으로 편슈머들을 자극하여 새로운 스토리를 만들어내는 브랜드도 있다. 미국 신발 제조업체 크록스(Crocs)와 패스트푸드 브랜드 KFC가 콜라보레이션하여 출시한 'KFC X 크록스 버킷 클로그'이다. 크록스 하면 대표적으로 떠오르는 신발 앞 코에 구멍이 뚫린 샌들에 KFC의 시그니처 컬러인 빨간색과 치킨이 프린팅되어 있다. 그리고 그 위로 닭다리 모양의 액세서리가 신발 구멍에 끼워져 있다. 얼핏 보면 신발 위에 닭다리를 얹고 있는 듯한 모습이다.

그런데 여기서 더 놀라운 것은 닭다리 액세서리에서는 실제 치킨 냄새가 난다는 점이다. 신발에서 입맛을 자극하는 치킨 냄새가 나다니. 그야말로 펀(fun)이다. 미국에서 실제 판매되면서 치킨 애호가들의 열광적인 반응을 얻었다고 한다. 디자인을 입혀 새로운 제품을 출시하는 것은 단순한 일이다. 그런데 여기에 냄새를 더하다니. 이것이야말로 브랜드가 성공할 수 있는 스토리 전략이라 할 수 있다.

　이와 비슷하게 홍콩의 피자헛은 스웨덴 가구 브랜드 이케아와 콜라보레이션을 통해 흥미로운 제품을 만들었다. 바로 피자 세이버와 이를 모티브로 한 이케아 피자 테이블이다. 피자 세이버는 상자 안에서 피자가 움직이지 않도록 고정시켜주는 플라스틱 도구로, 원형의 판에 세 개의 다리가 있다. 이를 크게 확대한다면 테이블처럼 보일 것이란 상상은 누구나 할 수 있었을 테지만, 이케아는 이를 실제로 만들어냈다. 원형 상판에 피자헛 로고를 넣고 피자 세이버와 완벽하게 같은 모양으로 테이블을 제작한 것이다. DIY 제품인만큼 이케아의 제품들도 납작한 종이 상자에 담겨있는데, 그 상자의 모양도 피자 박스 모양을 그대로 재현했다고 한다. 아울러 종이 상자에는 테이블을 조립하는 방법과 함께 피자헛에 주문 전화를 하고 피자를 받아 테이블 위에 올려 놓는 것까지도 설명해두었다.

　콜라보레이션 전략으로 새로운 스토리를 만들어내기 위해서는 이렇게 치밀하고 완벽한 전략이 필요하다. 그저 디자인이나 콘셉트를 서로 본뜨는 것은 부족하다. 무엇보다 콜라보레이션으로 소비자들이 기대하는 것은 재미와 즐거움, 그리고 새로움이다. 이것이 부족하다면 더 이상 성공적인 브랜드 스토리를 만들어내는 것은 어려워진다.

# 09
# 스토리족을
# 사로잡아라

　　인간은 본능적으로 이야기를 생산하고 이를 공유한다. 끊임없이 새로운 이야기를 만들고 찾는 행위 자체가 인간의 본능인 것이다. 그리고 인간의 기억체계는 이야기를 기반으로 한다. 기억이라는 것은 이야기를 기반으로 했을 때 훨씬 더 기억하기 쉬워지는 것이다. 최고의 강사도, 유명한 시인도, 최고의 철학가도, 사랑을 독차지하는 웹툰 작가도, 모두 스토리텔러이고 스토리족이다. 광고 카피도 스토리로 만들어지면 스토리족의 관심을 받게 되어 성공 가능성이 높아진다.

　　얼마 전 B급 감성과 뉴트로가 느껴지는 광고 카피가 등장했다. 바로 배우 김영철이 외치는 '사딸라'이다. 버거킹의 햄버거 광고 속에서 김영철은 버거킹 직원이 가격 안내를 하기도 전에 무조건 '사딸라'를 외친다. 이는 2013년 큰 인기를 얻었던 드라마 「야인시대」와 관련이 있

다. 김영철은 「야인시대」에서 김두한을 연기
했다. 드라마에는 김두한이 미국과 협상하는
상황에서 '사딸라'를 외치는 장면이 등장한
다. 미군 부대 노무자 임금을 1달러에서 4달
러로 인상해달라고 요구하는 것인데, 미국인
에게 '포달러(four dollars)'가 아닌 '사딸라'라
고 큰 소리로 이야기하는 것이 웃음 포인트
이다. 이렇게 2013년에 인기를 얻었던 유명
한 대사가 여러 해가 흐른 다음 다시금 소비
자들의 관심을 받게 되고, 이와 관련된 이야
기를 스토리족들은 자연스럽게 공유하고 있
는 것이다.

　　브랜드를 소비자에게 각인시키는 데 브랜
드 스토리가 큰 역할을 할 수 있는 이유도 여기에 있다. 인간은 누군가
에게 이야기하기를 좋아한다. 그리고 사람들은 이야기에 영향을 받게
된다. 아울러 인간은 그룹을 지어 그 속에서 지속적으로 이야기를 공유
한다. 이를 통해 강력한 아이덴티티와 소속감을 만들어내는 것이다. 실
로 인간은 스토리족(story tribe)인 것이다. 이런 스토리족들에게 스토리
는 일상에서 이미 주된 커뮤니케이션 도구로 활용되어온 익숙한 단어
이다. 이 세상을 살아가는 모든 사람들, 즉 스토리족은 사회 속에서 공
동체적 삶을 이루며 언어를 통해 의사소통을 하듯, 스토리는 나라와 지
역마다 표현 방법에 차이가 있을 뿐, 삶에 반드시 필요한 대화의 방법

이다.

스토리족은 관심 있는 이야기들을 다른 사람들에게 전달하며, 이는 자연스럽게 입소문이 된다. 그리고 이런 입소문은 스토리족의 일상에서 새롭게 하나의 브랜드 스토리로 만들어지기도 한다. 즉, 스토리의 주체가 스토리족이 되는 것이다. 스토리족은 정보에 대해서 매우 능동적으로 대처하고, 자신들이 체험한 정보나 의견을 공유하고 여론을 형성할 수도 있다. 브랜드 스토리에서 스토리족을 간과해서는 안 되는 이유도 여기에 있다.

아울러 스토리라는 것은 사람이 이야기했을 때 진정으로 만들어진다. 다른 사람에게 전달되거나 공유되지 않는 이야기는 '스토리'로서의 가치를 가질 수 없게 된다. 이에 우리는 다시금 스토리족을 주목하여 그들이 과연 어떤 이야기들을 공유하고 싶어 하는지, 그리고 그들은 지금 무엇을 이야기하고 있는지 항시 주목할 필요가 있다.

특히 소비행태의 변화에 따라 스토리족도 변화하고 있음을 인지해야 한다. 시장은 구매에서 구독(subscription)으로 변화하고 있다. 신문과 잡지를 구독하던 시대에서 화장품과 식품을 구독하고, 이제는 자신의 취미생활까지도 구독할 수 있는 시대이다. 한 달에 일정한 요금을 지불하면 나를 위한 취미활동을 할 수 있는 다양

한 준비물이 담긴 상자가 집으로 오는 것이다. 그 속에는 매번 다른 취미에 관한 스토리가 담겨 있다. 소비자들은 제품뿐만 아니

라 그 스토리까지 함께 구독하고 구입하는 것이다. 이러한 구독경제는 소비자들로 하여금 꾸준히 그 기업의 제품과 브랜드를 접할 수 있게 해준다. 기업 입장에서는 고객이 확보되는 것이니 좋다고 생각할 수 있다. 이러한 시장의 변화 속에서 브랜드와 브랜드 스토리는 더욱 중요해지고 있다. 한 명의 고객이 지속적으로 브랜드를 대하기 때문에 싫증을 내지 않고 그 관계가 이어져나갈 수 있도록 하는 콘텐츠와 스토리가 필요하기 때문이다.

스토리 생태계(story ecosystem)에는 다양한 모습의 스토리족이 살고 있다. 스토리 생태계는 스토리와 연관된 생태계로, 그 속에서는 다양한 사람들이 각자의 역할로 살아가고 있다. 중요한 것은 여기에 사는 사람들이 따로 정해져 있는 것이 아니라 그 역할을 나누어서 수행하고 있다는 점이다. 한 명이 두 개의 역할을 수행할 수도 있다. 즉 스토리를 소비하는 소비자인 스토리슈머(storysumer: story+consumer)가 스토리텔러(storyteller)가 되어 스토리를 전달하고 전파하는 역할을 할 수도 있다. 또한, 스토리슈머가 스토리를 만들어내는 역할을 하기도 한다. 스토리가 곧 비즈니스 모델의 핵심이 되는 스토리커머스(story commerce: 가장

진화된 e커머스 중의 하나)가 중요시되는 지금, 스토리 생태계는 더욱더 중요하다. 그 속에서 나타나는 스토리와 관련된 역할들은 더욱더 발전되고 진화하고 있다.

## 클럽하우스, 새로운 열풍을 만들어가는 음성 기반 소셜미디어

브랜드는 시장점유율이 아니라 팬덤(fandom)이다. 브랜드의 힘은 얼마나 강력한 팬덤을 가지고 있느냐에 따라 결정된다. 팬덤은 브랜드 스토리로 만들어진다.

어느 날 테슬라 CEO 일론 머스크가 '공매도를 금지해야 한다' '원숭이 뇌에 칩을 심었다' '가상기기를 샀다'라는 내용의 흥미로운 수다를 떨었다며 이슈가 된 적이 있다. 바로 새로운 음성 기반 소셜미디어 '클럽하우스(Clubhouse)' 이야기이다. 일론 머스크가 클럽하우스에 접속하여 미국 주식거래 플랫폼인 로빈후드의 블라디미르 테베르 CEO와 공매도를 두고 설전을 벌이는 것을 많은 사람들이 직접 들었다. 바로 클럽하우스에서 말이다.

클럽하우스는 2020년 3월 구글 출신의 폴 데이비슨과 로언 세스가 창업한 스타트업 알파 익스플로레이션(Alpha Exploration Co.)이 선보인 새로운 소셜미디어 서비스이다. 텍스트나 사진, 영상 없이 오직 음성으로만 대화를 이어가는 서비스로, 북미 지역에서 인기를 끌다 유럽, 아프리카, 남미는 물론 한국, 일본 등 글로벌 시장에서 인기몰이 중이다. 가입자도 급증하고 있는데, 2020년 12월 60만 명에서 2021년 1월을 지나며 200만 명을 넘어섰다. 현재도 가입자수는 급증하고 있다.

줄여서 '클하'라고 부르는 클럽하우스에는 앞서 이야기한 해외 유명 인사 외에도 국내 배달의민족 김봉진 우아한형제들 의장, 박영선 전 장관, 토스 이승건 CEO 등을 비롯 다양한 분야의 많은 유명 인사들이 등장한다. 이런 셀럽들의 라이브 수다를 들으며 같은 공간에서 시간을 보내고 싶어 하는 사람들이 클럽하우스로 몰려들고 있다.

그런데 누구나 클럽하우스를 사용할 수 있는 것은 아니다. 현재는 iOS를 기반으로 하는 아이폰, 아이패드 유저들만 클럽하우스 앱을 사용할 수 있다. 하지만 아이폰, 아이패드 유저라도 앱을 다운로드 받을 수만 있을 뿐, 자유롭게 가입할 수는 없다. 초대장을 받거나 이미 클럽하우스를 사용하고 있는 사용자가 허가를 해줘야 접속이 가능해진다. 초대장도 회원 한 사람이 2명에게만 보낼 수 있다. 누구에게나 열려 있는 것이 아닌, 폐쇄성을 가지고 있는 서비스이다. 이러한 폐쇄성은 나만 제외당하는 것을 싫어하는 사람들에게 더욱 클럽하우스를 사용하고 싶은 욕구를 불러일으켰다. 오죽했으면 당근마켓, 중고나라에서 초대장이 1~3만 원에 거래가 될 정도였다. 나 또한 새로운 체험과 진실의 순간(MOT)을 즐기는 만큼 2021년 2월 5일 가입해서 순식간에 팔로워가 5,000명이 다 되어간다. 직접 토론방을 여러 개 개설해서 모더레이터를 하면서 인기를 끈 덕분이다.

클럽하우스는 인스타그램이나 유튜브, 틱톡처럼 멋진 사진이나 동영상이 필요하지도 않다. 단지 목소리 하나면 된다. 특별할 것도 없어 보이지만 틱톡이 Z세대에게 열풍을 일으키고, 그들의 아이덴티티이자 아이콘 브랜드가 되었듯 클럽하우스도 새로운 시대적 아이콘 브랜드로 등장했다.

클럽하우스에서는 관심사와 콘텐츠를 기반으로 모여서 주제를 정하고 이를 중심으로 대화를 나눈다. 필요하다면 언제든 원하는 이야기를 듣고 배울 수 있는 정말 살아 있는 평생공부방이다. 내가 직접 클럽하우스를 이용하면서 활용해보니 평생공부방으로 이보다 더 좋을 수 없다. 무언가 배우기 위해 찾아다니며 직접 강의를 듣기도 하는 나는 코로나 이후 외부 강의를 들을 수 없어 아쉬웠다. 그런데 클럽하우스에서 내가 원하는 디지털, 데이터 관련 콘텐츠를 주제로 대화를 나누는 대화방에서 많은 공부를 했다. 내가 직접 들어보았던 대화방 중에는 디지털 시대 데이터 기술자들이 모인 '박박사'라는 방이 있다. 대화를 듣기만 해도 너무 유익했다. 코로나19로 미팅도 어려운 지금 같은 시대에서 디지털 데이터 기술자들을 만나 이야기를 나눈다니 너무 매력적일 수밖에 없다. 또 하나는 '개발 노가리방'으로 말 그대로 기술자들이 모여 아주 리얼한 이야기를 하는 대화방이었다. 구글, 카카오, 아마존, 블리자드, 네이버, 페이스북 등 디지털 기술을 현업으로 하고 있는 사람들이 어디 가서도 들어볼 수 없는 이야기를 나눈다. 나는 그 대화 속에서 다시금 관련 분야에 대해 좀 더 공부를 해야겠다는 생각으로 직접 책을 주문하기도 했다. 온라인 강의보다 몰입도가 좋다. 이는 오로지 음성으로만 집중되어

말로 채팅을 하듯, 수다를 떨듯 소통을 하기 때문일 것이다.

대화방에는 처음 방을 만들고 여는 모더레이터가 있고, 모더레이터가 몇 명을 핑(ping)하게 되면 대화가 시작된다. 모더레이터는 말 그대로 대화방의 주인이자 대화를 주도하는 방장이다. 대화방에서는 모더레이터 외에도 발언권을 얻어 이야기를 할 수 있는 스피커가 있고, 듣기만 하는 리스너가 있다. 내가 직접 모더레이터가 되어 주도한 대화방은 8개가 있다. 그중에서도 '라이브커머스! 그것이 알고 싶다'가 가장 인기가 있었다. '라이브커머스' 자체가 최신 트렌드이고, 기업과 브랜드들이 가장 관심을 가지고 있는 분야이다 보니 많은 사람들이 대화방으로 몰려든 것이다. 첫 번째는 설 연휴에 해서인지 400명이나 되는 사람들이 접속해 클럽하우스의 뜨거운 열기를 증명하는 듯했다. 두 번째는 2월 16일 화요일 오후 3시 30분에 열었는데, 아무래도 평일 낮 시간대라 직장인들이 근무 중일 테니 참여하는 사람이 적을까 걱정했다. 그런데도 150명 가까이 대화방에 몰려들었다. 듣기만 하면 되니 부담도 덜 되었을 것이고, 다른 일을 하면서 들을 수 있다는 장점도 있었을 것이다.

모든 대화는 실시간(real time)으로 이루어진다. 녹음도 안 되고, 미리 준비하고 편집한 음성 파일도 아니다. 그때 듣지 못하면 사라지는 휘발성 콘텐츠이다. 원하는 주제로 대화를 나눈다면 어떻게든 듣고 싶어지는 것이다. 특히 그날은 라이브커머스 분야 종사자, 모바일 쇼호스트, 스마트스토어나 쿠팡과 그립에 입점한 업체 사람들이 스피커로 많이들 참여하여 아주 유익했다. 여기에 라이브커머스, 라이브 방송을 직접 하고자 하는 셀러들이 적극적으로 구체적인 질문을 던지니 토론과 대화가 더 활발하게 이루어졌다.

클럽하우스는 쌍방향을 넘어 다방향 소통이 가능한 실시간 대화이다. 어쩌면 라이브커머스와 같은 라이브 소셜 공간으로 볼 수도 있다. 중요한 것은, 많은 사람들이 이러한 서비스를 기다렸다는 듯 열광하고 있다는 점이다. 한편에서는 폐쇄성과 수직적인 권력 관계, 휘발성 대화에 대해 우려하고 있지만, 클럽하우스 사용자들은 그 매력에 푹 빠져 있다.

클럽하우스가 처음 등장했을 때만 해도 이렇게까지 전 세계적으로 엄청난 열풍을 불러일으킬 것이라 생각하지 않았다. 아주 혁신적이고 획기적인 서비스를 제공하는 것도 아니고, 지금까지 세상에 없었던 것을 창조해낸 것도 아닌 클럽하우스. 그럼에도 이렇게 브랜드 파워를 가지게 된 것은 소비자의 힘이다. 사용자들이 새로운 브랜드 스토리를 만들고 '클럽하우스'라는 브랜드 자체를 이끌고 간다고 할 수 있다. 앞으로도 클럽하우스가 어떻게 브랜드 팬덤을 이어나갈 것인지 주목할 필요가 있다.

사람들은 스토리만을 기억한다.

카탈리나 그로스 Katharina Grosse

# 10

## 다양한 공감의
## 접점을 만들어라

기업은 브랜드 스토리와 관련하여 소비자들이 즐길 수 있는 공간을 마련해주어야 한다. 브랜드 스토리에 대해 이야기하고, 그 스토리를 담아가고, 퍼 나르며 공유할 수 있는 가상의 공간이 필요한 것이다. 이러한 공간은 일방적으로 브랜드 스토리를 들려주는 것이 아니라 소통이 이루어질 수 있게 되어 브랜드 스토리를 더 풍성하고 재밌게 만들어준다. 기업의 브랜드 스토리에 소비자들의 스토리가 자연스럽게 더해지는 것이다. 아울러 이렇게 만들어진 스토리를 소비자들이 자신들만의 공간인 개인 SNS로 공유할 경우 더 많은 소비자들에게 노출되는 기회를 얻을 수 있게 된다.

이를 위해서 브랜드 스토리를 공유하기 위한 보다 다양한 채널을 복합적으로 활용할 수 있어야 한다. 소비자가 브랜드 스토리를 접할 수 있는 접점을 다원화시킴으로써 브랜드 스토리 전파 효과를 극대화할 수 있는 것이다.

브랜드 스토리가 많은 이들 사이에 화제가 되도록 하기 위해서는 더 많은 사람들이 브랜드 스토리를 이야기하고, 이를 공유할 수 있어야 한다. 아무리 흥미롭고 공유하고픈 브랜드 스토리일지라도 그런 공간이 마련이 되지 않는다면 전파력이 커지기 어렵다. 그러므로 브랜드 스토리를 전파하기 위한 다양하고도 체계적인 접점을 만들어내야 한다. 이는 인터넷, 소셜미디어와 같은 가상의 공간이 될 수도 있고, 실제 브랜드 스토리를 소비자들이 체험할 수 있는 현실의 공간이 될 수도 있다. 이때 중요한 것은, 브랜드 스토리라는 것이 단순히 이야기 형태로만 존재한다는 생각을 버리는 것이다. 브랜드 스토리는 소비자의 직접적인 체험이나 경험이 될 수도 있는 것이다. 이런 체험과 경험을 바탕으로 하는 브랜드 스토리를 확산시키려면 현실의 공간을 만들어내어 다른 경쟁자들과의 차별화를 통해 브랜드 스토리의 점유율을 장악해야 한다.

하지만 소비자들을 위한 가상의 공간이나 현실의 공간을 만들어놓는다고 해서 소비자들이 무조건 관심을 주지는 않는다. 기업은 각 채널에 맞는 전략을 구사하기도 해야 한다.

많은 기업들이 소비자들에게 브랜드 스토리를 전달하는 방법에 대해 고민할 때 그 접점인 미디어에만 주목하는 경우가 많다. 매스미디어를 통해 일방적으로 전달하거나 소셜미디어를 통해 소통하기만 한다면 브랜드 스토리는 어떻게든 전달될 것으로 생각하는 것이다. 하지만 아무리 소통의 창구가 열려 있고 이를 통해 브랜드 스토리를 들려준다고

해도 소비자들이 관
심을 가지지 않는다
면 소용이 없다. 이
에 오뚜기는 오히려
몇몇 사람들에게만
비밀 이야기를 들려

주듯 팔로워에 제한을 두었다. 소비자들이 자연스럽게 스토리에 집중
할 수 있도록 한 것이다.

　때로는 인플루언서를 활용하는 것도 전략적인 방법이다. 무엇보다
이미 구축되어 있는 플랫폼을 활용하여 브랜드 스토리를 소비자들에
게 전달하는 접점의 이점이 있다. 소비자들은 다양한 SNS를 활용하고
있다. 이에 소비자들에게 전달할 수 있는 많은 채널이 생겼다는 이점과
함께 너무도 많은 접점 중에 어떤 것이 효율적인지를 기업의 입장에서
찾아내기 어렵다는 문제도 발생한다. 또한, 기업이 직접 운영하는 플랫
폼의 경우 소비자의 관심을 끌기 어려운 경우가 많다. 일방적이고 재미
없는 이야기를 하고 있다는 고정관념이 있기 때문이다. 그런데 인플루
언서는 다르다. 그들은 이미 많은 사람들과 소통하고 있다. 직접 브랜
드 스토리를 전달하려고 했을 때는 아무도 듣지 않으려 했는데, 인플루
언서들이 이야기를 공유하자 많은 사람들이 귀를 기울이고 관심을 가
지기 시작하는 것이다. 결과적으로도 인플루언서를 통할 경우 그렇지
않을 때보다 3배 이상의 효과가 창출된다고 하니 기업 입장에서는 더
없이 좋은 전략일 수밖에 없다. 모델을 기용하여 광고로 홍보했을 때보

다 인플루언서들을 통할 경우 더 큰 영향력을 발휘할 수도 있다. 최근 들어 많은 소비자들이 이미지로만 소비되는 모델보다는 자신과 소통하고 일상을 공유하는 인플루언서에게 더 큰 믿음을 보인다.

브랜드 스토리는 육감 커뮤니케이션이다.
브랜드 스토리는 브랜드 습관을 만든다.

김훈철

## 갓뚜기의 '비밀 계정'

오뚜기는 브랜드 스토리를 전달받을 수 있는 청중을 제한하는 전략을 구사하기도 했다. 식품회사 오뚜기는 인스타그램에서 '오뚜기해적선'이라는 비밀 계정을 운영했다. '오뚜기팀장이 몰래 알려주는 제보스타그램'이라는 제목으로 계정 팔로워를 8,888명으로 제한하여 그들에게만 비밀 이야기를 들려주고 이야기를 나누었다. 8,888명으로 정한 것은 숫자 8이 오뚜기 모양과 비슷해서인데, 젊은 층들 사이에서 갓뚜기라는 별명으로 인기를 얻고 있던 오뚜기가 비밀스럽게 이야기를 전해준다고 하니 높은 관심과 열광적인 반응을 보이기도 했다.

# 2부

# 브랜드는

# 매력이다

브랜드 스토리의 7가지 매력

# 매력 있는 브랜드는 무엇이 다를까

앞에서 브랜드 10계명을 살펴보았다. 여기에서는 매력적인 브랜드 스토리의 키워드를 소개한다.

매력의 사전적 의미는 '사람을 끌어들이는 힘'이다. 옷차림새나 외모 같은 외적인 부분부터 정서적인 부분까지를 모두 포괄한다. 첫인상은 좋았지만 별다른 매력을 느끼지 못했다고 이야기하는 경우가 있다. 시선을 끌기는 했지만 그것이 매력으로까지 연결되지 못했음을 의미한다. 중요한 것은 외적인 매력이 분명 시선을 끌었다는 사실이다. 외적인 매력은 관심을 끌 수 있는 최고의 방법이다. 그리고 본질의 매력을 발견할 수 있는 발판을 만들어준다. 매력을 보여줄 충분한 시간을 만들어줄 수 있다는 이야기다. 즉, 관심을 끌기 위해서는 외적 매력이 있어야 한다.

우리는 흔히 부정적인 반응에 대해 먼저 두려워한다. 하지만 무관심보다 더 무서운 것은 없다. 이는 비단 개인에게만 해당하는 이야기가 아니다. 기업의 브랜드도 마찬가지이다. 사람들에게 부정적인 반응을 얻는 브랜드보다는 관심을 받지 못하는 브랜드가 몰락하는 경우가 다반사이다. 부정적인 반응이라도 소비자가 관심을 보이는 브랜드라면 그 인식을 바꿀 가능성이 있다. 이미 관심을 얻고 있기에 그 반응이 긍정적으로 변한다면 이전보다 더 큰 성과를 얻을 수도 있다. 하지만 무관심의 브랜드라면 이야기는 달라진다. 소비자들이 매력을 전혀 느끼지 못하고 있는 상황에서 아무리 브랜드에 대해 이야기해 봤자 아무도 들어주지 않기 때문이다.

그렇다면 브랜드에 매력이 있다는 것은 무슨 말일까? 앞서 말한 것처럼 우리는 매력이라는 것을 사람들과의 관계에서 쉽게 접한다. 매력은 각기 다르다. 어떤 이는 외적인 매력이 강한 반면에 또 다른 이는 정서적인 매력으로 강하게 어필한다. 사람을 끌어들이는 힘인 매력은 어떻게 그 힘이 이루어졌는지에 따라 각기 다른 매력을 만들어내게 되는 것이다. 바로 사람들의 개성에서 비롯되는 매력의 힘이다. 이는 브랜드도 마찬가지이다. 각각의 브랜드는 모두 자신만의 매력을 가지고 있다.

중요한 것은 매력을 통해 소비자들을 끌어들이는 힘이

다른 브랜드보다 더 강력하여야 한다는 것이다. 이때 필요한 것이 바로 브랜드 스토리이다. 브랜드 스토리는 브랜드의 매력이 더욱 강력해지는 데 큰 역할을 한다. 분명 소비자들의 관심을 끌었는데도 불구하고 쉽게 무너지는 브랜드는 진정한 브랜드 매력(brand attraction)을 가지고 있지 않았기 때문이다. 첫인상은 좋았지만 별다른 매력을 느끼지 못하는 사람이 있듯이, 브랜드도 마찬가지이다. 브랜드의 특별한 기능이나 광고 이미지는 일시적인 관심을 일으킬 수는 있어도 이것이 브랜드의 매력과 반드시 연결되지는 않는다. 하지만 브랜드 스토리는 다르다. 브랜드와 소비자가 소통하는 그 사이에 존재하는 브랜드 스토리는 소비자에게 브랜드를 각인시킬 수 있는 힘, 즉 매력을 가지고 있다. 이러한 매력은 브랜드 아이덴티티와 브랜드 평판(brand reputation)으로 연결된다.

그렇다면 과연 우리는 어떤 브랜드 스토리를 통해 브랜드의 매력을 추구해야 할까? 그저 많은 사람들의 관심만 얻을 수만 있다면 브랜드와 전혀 상관없는 매력을 어필한다고 해서 성공할 수 있을까? 아니면 우리의 브랜드가 가진 속성을 있는 그대로 보여주는 솔직한 매력을 어필해야 하는 것일까?

나는 수많은 브랜드를 조사하며 그들의 브랜드 스토리는 어떤 매력을 보이고 있는지 조사하고 분류하여 보았다. 흥미로운 것은, 수많은 브랜드들 속에서 성공했다고 꼽히는 브랜드는 분명 브랜드 스토리를 가지고 있다는 것이었다. 브랜드의 매력으로 충분히 소비자들에게 큰 사랑을 받고 있는 브랜드는 브랜드 스토리로 소비자와 연결되어 있었

던 것이다. 브랜드 스토리로 성공한 사례를 분석해 보니 7가지의 각기
다른 매력을 가지고 있었다.

구독경제, 체험마케팅으로 갈수록
브랜드 스토리는 더욱 중요해진다.

이장우

# 01

## 공감
### Empathy

　　작품 경매를 위해 사람들이 모였는데, 아무도 돈을 가지고 있지 않다. 돈 대신 작품에 공감하는 정도에 따라 낙찰 여부가 결정된다. 스웨덴 유리세공 브랜드인 코스타 보다(Kosta Boda)는 이벤트성 경매를 이와 같은 방법으로 진행했다. 소비자들은 한 명씩 작품이 전시되어 있는 흰 방에서 개별 관람을 한다. 이때 심장 박동수를 측정하는 기계를 손에 연결하여 작품을 보았을 때 가장 높은 박동수를 기록한 사람에게 그 작품이 낙찰된다. 높은 박동수를 기록한 소비자는 작가와 가장 큰 공감을 이루었다고 간주하는 것이다. 코스타 보다는 예술작품이 이성적인 이해보다는 공감으로 소비자와 이어져야 한다는 이야기를 전달하고자 이런 이색적인 이벤트를 열었다.

　　브랜드도 마찬가지이다. 브랜드 스토리가 소비자들에게 공감을 끌어내면 그에 대한 애정도 높아지게 된다. 미국 신발 브랜드 탐스슈즈의 창업자이자 CEO 블레이크 마이코스키(Blake Mycoskie)는 "소비자들은 단지 탐스슈즈를 신는 것뿐만 아니라 스토리를 이야기한다"라고 말한 바 있다. 이는 탐스슈즈의 '한 켤레마다 한 켤레씩(one for one)'이라는 모토에서 비롯된다. 소비자가 한 켤레의 신발을 구입하면 탐스슈즈는 한 켤레의 신발을 제3세계 어린이들에게 기부한다. 많은 소비자들은 이런 탐스슈즈의 브랜드 철학에 공감했고, 자연스럽게 '신발'을 구매하는 것이 아니라 '스토리'를 구매한다고 이야기하는 것이다. 탐스는 신발 외에 안경과 커피도 출시했다. 안경을 구매하면 안과 질환으로 앓고 있는 환자들을 지원해 주고, 커피 원두를 구입하면 물 부족을 겪는 빈민층에게 물을 전달하는 캠페인 방식의 사업을 이어갔다. 이는 모두 브랜드 스토리로 소비자들에게 공감을 일으키며 전달됐다.

하지만 의도가 좋은 멋진 브랜드 스토리임에도 불구하고 사업은 쉽지 않았다. 착한 소비와 착한 패션이라는 브랜드 스토리의 힘은 강했지만, 장기적으로 꾸준한 관심 유발과 상품 업데이트가 부족했다는 지적이다. 이에 창업자인 마이코스키가 물러나고, 제프리스 파이낸셜그룹을 비롯한 채권단의 공동관리를 받게 되었다. 국내에서는 기존 공식 수입사와 라이선스 계약을 종료하고 새롭게 LF를 통해 판매되고 있다. 물론 이런 모습이 탐스슈즈의 몰락이고 실패라고 이야기할지 모른다. 하지만 브랜드 스토리에 있어서 탐스슈즈는 강력한 힘을 가지고 있었다고 할 수 있다. 경영상의 이유로 채권단이 탐스슈즈를 인수하고 관리하면서 브랜드 스토리까지 함께 산 것이나 마찬가지이기 때문이다.

그러나 가슴 절절한 스토리를 가지고 있다고 해서 모든 브랜드가 소비자의 공감을 끌어내는 것은 아니다. 핸드백과 지갑 제조업체인 시몬느(Simone)에서 선보인 가방 브랜드 0914(공구일사). 2015년 처음 선보인 독특한 이름의 이 브랜드에는 박은관 회장의 개인적인 스토리가 담겨 있다. 처음 직장생활을 시작하며 해외 영업을 했던 박 회장은 그 당시 대학 때부터 만나던 지금의 부인과 헤어지게 되었다고 한다. 그런데 1984년 어느 날 이별한 그 연인이 꿈에 나타났다. 그리운 마음에 다음 날 연인과 함께 자주 갔던 카페에 앉아 있었는데, 갑자기 헤어진 그 연인이 문을 열고 들어왔다. 연락을 한 것도 아니고 약속을 한 것도 아닌데, 박 회장과 마찬가지로 비슷한 꿈을 꾸고선 카페를 찾아온 것이다. 그렇게 부인과 재회하게 되었고, 그날이 9월 14일이었다고 한다. 영화나 드라마에서 나올 법한 로맨틱한 이야기이다. 개인적으로는 브랜드 콘셉트도 뛰어나고 너무도 멋진 브랜드 스토리라 생각한다.

그러나 매력적인 이야기임에도 불구하고 이런 스토리를 알고 있는 소비자가 얼마나 될지는 모르겠다. 스토리에 대한 공감이 부족했기 때문이다. 만약 세계적인 패션 디자이너가 이런 스토리를 사용했다면 소비자들의 반응이 어땠을까 하고 상상해본다. 조금은 더 많은 공감을 받을 수 있었을까? 중요한 것은 모든 브랜드 스토리가 소비자의 공감을 얻기란 쉽지 않다는 것이다. 우리는 이를 잊지 말아야 한다.

## 이노센트 드링크, 다양한 방법으로 공감을 일으키다

영국의 과일 스무디 브랜드 이노센트 드링크는 스물여섯 살 동갑내기 세 명의 친구 리처드 리드(Richard Reed), 애덤 밸런(Adam Balon), 존 라이트(John Wright)가 창업하였다. 창업 스토리가 흥미롭다. 브랜드를 출시하기 위해 진행한 시장조사를 확신할 수 없어서 결국은 동전 던지기로 창업 여부를 결정한 것이다. 그리고 이와 관련된 내용을 홈페이지에 자세하게 소개하였다. 아래는 홈페이지에 나와 있는 그들의 창업스토리이다.

'1990년대 초 대학에서 만난 리처드, 애덤, 존은 스노우보드를 타기 위해 휴가를 떠난다. 그리고 그곳에서 사업에 대한 이야기를 나누었고, 실제로 사업을 시작했다. 첫 스무디를 판매하면서 매점 위의 표지판에 '이 스무디를 만들기 위해 일을 포기해야 합니까?'라고 적어두었다. 이 질문에 대한 답은 스무디를 구매한 사람들이 '예' 또는 '아니오'라고 표시된 통에 자신이 마신 스무디의 빈 용기를 버리는 것으로 할 수 있게 하였다. 그 결과, 그들은 본격적으로 사업을 시작할 수 있었다. 물론 11번의 사업계획서를 쓰면서 투자자들에게 많은 거절을 당했지만 말이다.'

창업을 하면서 고민하고 연구하며 시장조사를 하는 것은 너무나 자

연스러운 일이다. 대부분의 젊은 창업자들의 이야기를 들어보면 각자 소설책 한 권 정도는 될 법한 사연을 가지고 있기 마련이다. 그런데 이를 브랜드 스토리로 연결시키는 브랜드는 흔치 않다. 이노센트 드링크는 창업 스토리를 흥미로운 읽을거리로 제공하였고, 이 자체가 소비자들에게 특별하게 보이도록 하는 결과를 가져왔다. 브랜드 스토리에 소비자들이 공감하며 브랜드에 대한 애착을 보여주게 된 것이다.

아울러 이노센트 드링크는 독특하게도 음료병 뚜껑 부분에 니트 모자를 씌워두었다. 이는 단순히 독특한 패키지 디자인이 아니라 이노센트 드링크가 겨울에 진행하는 기부 캠페인 '더 빅 니트(The Big Knit)'의 일환이다. 니트 모자는 에이지 유케이(Age UK)라는 노인 복지 단체의 자원봉사자들이 직접 손으로 제작한다. 작은 모자를 쓰고 있는 음료를 구매하면 음료 하나당 25페니가 이 단체의 기부금으로 돌아가는 시스템이다. 개인이 하기 어려운 기부를 음료를 구매함으로써 자연스럽게 할 수 있게 되니 소비자들의 긍정적 반응을 끌어낸 것은 당연하겠다.

이뿐 아니라 이노센트 드링크는 병 라벨도 무심히 두지 않는다. 창업 당시 광고에 투자할 비용이 없어 광고 대신 병의 라벨을 광고 매체로 활용하자는 아이디어로 시작되었다. 3×3센티미터짜리 라벨에 재미있는 내용을 적어 놓았다. 이것이 소비자들과 소통할 수 있는 또 하나의 창구가 된 것은 너무나 당연한 일이겠다. 그야말로 공감을 일으킬 수 있는 매력 포인트를 곳곳에서 느낄 수 있는 이노센트 드링크이다. 이 덕분에 이노센트 드링크는 슈퍼와 식품매장에서 프리미엄 브랜드로 자리 잡았다.

## 움프쿠아 은행, 숫자가 아니라 사람의 마음을 움직이다

사람들이 커피숍으로 오해하거나 백화점이나 호텔로 착각하기도 하는 은행이 있다. 사실 이 은행은 존폐 위기에서 가까스로 생존한 은행이기도 하다. 바로 미국 오리건주 지역 은행인 움프쿠아 은행(Umpqua Bank)이다. 1950년대 오리건주의 벌목 회사들을 주 고객으로 설립된 은행인 만큼 벌목 사업이 번창할 때는 호황이었으나 1990년대 후반 이후 벌목 사업이 쇠퇴하게 되자 자연히 어려움을 겪게 된다.

그런데 당연히 폐업을 예상했던 움프쿠아 은행은 새롭게 취임한 CEO 레이 데이비스(Ray Davis)로 인해 지금까지와는 전혀 다른 은행으로 탈바꿈하게 된다. 데이비스는 지난 수백 년간 별다른 차별점 없이 운영되고 있었던 은행 업종에서 어떻게 새로운 혁신을 이루어낼 수 있을지 많은 고민을 했다고 한다.

데이비스가 생각해낸 것은 전적으로 고객을 위한 서비스에 집중하자는 것이었다. 은행이란 것이 고객과 친해질수록 거래도 증가하게 된다는 원리를 바탕으로 고객이 좀 더 은행에 머물 수 있도록 하는 다양한 시설을 마련하기로 한 것이다. 실제 고객들이 은행에 좀 더 머물게 되면서 친숙함을 느끼고 신뢰감도 높아지게 되어 자연스럽게 거래량도 증가하게 되었다.

데이비스는 은행의 성공 요인은 공감이라 생각했고, 공감을 끌어내기 위해 은행이 변화해야 한다고 생각한 것이다. 이에 움프쿠아 은행은 고객들이 더 오래 머물 수 있는 은행, 즐겁고 재미있는 시간을 보낼 수 있는 은행이 되도록 은행에 스토리를 담게 되었다.

우선 첫 번째로, 커피숍이란 착각이 들게 하는 인테리어이다. 딱딱한 분위기의 은행이 아니라 들어서자마자 커피 향이 코끝을 스치고, 움프쿠아 은행의 브랜드 커피를 무료로 즐길 수 있도록 커피 바를 설치하였다. 뿐만 아니라 호텔 로비에 들어선 듯한 착각을 일으키는 화려한 인테리어도 움프쿠아 은행을 기존의 다른 은행과 다르게 받아들이게 하였다. 더욱이 은행 직원이 인사를 건네며 "커피 한잔하시겠습니까?"라고 다른 은행에서는 듣지 못했던 이야기를 하니 고객들은 놀랄 뿐이었다. 그러나 시간이 흐를수록 긍정적인 반응이 나타났다.

이후 '매력적인 은행'이라는 캐치프레이즈를 내건 움프쿠아 은행의 고객들은 공감을 넘어 감동을 하게 되었다. 실제 움프쿠아 은행을 방문하면 매력을 느끼게 되기 때문이다.

두 번째로, 움프쿠아 은행은 지역경제 활성화를 위한 노력을 지속적으로 이어갔다. 은행의 발전은 지역 시민과 함께여야 한다는 생각에 지역의 특성화된 사업과 특성 상품을 개발하고 이를 지원했다. 뿐만 아니라 지역 주민과 공유하고 공감할 수 있는 문화 활동들을 이어갔다. 지역 무명 음악인들의 노래 CD를 제작하여 은행 계좌를 개설하는 고객들에게 무료로 나눠주기도 했다. 재능 있는 지역 출신 아티스트를 직접 발굴하기도 하였고, 은행에서 그들이 연주를 하게 하거나 그들의 음악을 틀어주기도 했다. 또한 독서, 영화, 요가, 뜨개질 등 문화 이벤트를 지속적으로 진행했다. 브랜드 스토리는 단순히 창업에 관련된 스토리에 국한되지 않으며, 글로 정리된 문서에 국한된 것도 아니다. 브랜드가 하고 있는 활동 그 자체도 브랜드 스토리가 될 수 있다.

2012년 12월에 바리스타가 되기 위해서 미국 포틀랜드에 있는 ABC 커피학교(American Barista & Coffee School)에 갔을 때 나는 심심하면 움프쿠아 은행에 가서 시간을 보내기도 했다. 움프쿠아 은행이 좋아서 서울에서 찾아왔다고 하면 직원들이 놀라고 신기해하면서 서로 선물 챙겨주느라 바빴다. 덕분에 커피 원두와 텀블러 외에도 여러 가지 선물을 받은 추억이 깃든, 나에겐 좀 특별한 은행이다.

우리나라에도 하나은행이 매장 일부를 북카페에 대여하여 임대료 부담을 줄이는 것은 물론, 분위기를 부드럽게 만들고 자연스럽게 더 많은 고객을 유치한 사례가 있다.

## 노드스트롬 백화점, 고객 서비스의 전설

오랜 전통을 자랑하는 미국의 대표적 백화점 노드스트롬(Nordstrom)의 타이어에 얽힌 이야기는 아주 유명한 일화로, 노드스트롬 내에서는 직원 교육 차원에서도 자주 언급할 정도이다.

알래스카주 페어뱅크스 지점에서 있었던 일이다. 한 중년 남성이 타이어를 수레에 싣고 백화점을 찾았다. 당황한 표정으로 백화점 문에서 가장 가까운 매장의 계산대로 갔고, 인사를 건네는 점원에게 이야기하기 시작했다. 당시 그 백화점에는 노드스트롬 백화점의 공동 설립자인 존 노드스트롬과 점장이 있었고, 그들은 이 모습을 지켜보고 있었다. 이를 알 리 없었던 남성은 점원에게 자신이 이 백화점에서 타이어를 샀지만 지금은 필요가 없을 것 같아 반품하고 싶다고 이야기했다. 이 말은 들은 점원은 놀라는 기색 없이 환하게 웃으며 남성에게 영수증을 가지고 있는지 물었다. 남성은 영수증이 없다고 이야기했고, 점원은 그렇다면 타이어를 얼마에 구매했는지 기억하느냐고 물었다. 25달러 정도였다고 이야기하는 남성에게 점원은 서랍에서 현금 25달러를 꺼내 건네주었다. 남성은 돈을 받고 밝게 웃으며 고맙다고 인사하고 백화점을 나갔다.

중요한 것은, 그 매장은 타이어 매장이 아니었다는 점이다. 남녀 의류와 패션 소품 매장이었던 그곳에서 타이어 반품이 일어난 것이다. 더 놀라운 것은 이 모습을 지켜보고 있던 존과 점장은 곧장 그 점원에게로 가 그녀를 칭찬하였다고 한다. 최고의 고객 서비스를 제공하는 것을 최우선으로 여기는 노드스트롬 백화점이었기에 그들의 고객 서비스 방침

중에는 절대로 '노'라고 트집 잡지 않는 관대한 환불 정책이 담겨 있다. 그 점원은 그 방침을 제대로 수행한 것이다.

노드스트롬 백화점의 고객 서비스와 관련된 스토리는 이 밖에도 세 가지가 더 있다. 첫 번째는, 중년 여성이 노드스트롬 백화점에서 옷 한 벌을 구입하고 여행을 위해 곧장 공항으로 향했다. 그런데 공항에 도착하여 항공권이 없음을 알게 되었다. 좀 전에 노드스트롬 백화점 의류 매장에서 옷을 구매하면서 두고 왔다는 생각을 하며 발만 동동 구르고 있는데 누군가 허겁지겁 달려와 비행표를 건네주었다. 바로 의류 매장의 점원이었다. 고객이 항공권을 두고 간 것을 알고 공항까지 달려온 것이다. 두 번째는, 백화점 세일 기간이 끝난 어느 날 한 손님이 청바지를 구입하기 위해 청바지 매장을 찾았다. 그 청바지는 그녀가 눈여겨봐 두었던 것인데 세일 기간에 맞추어 구매하려고 기다렸다며 자신의 사이즈에 맞는 바지를 요구했다. 안타깝게도 그녀에게 맞는 사이즈의 바지는 판매 완료된 상태였고, 이미 세일 기간도 끝난 상황이었다. 그럼에도 불구하고 점원은 그 바지가 다른 백화점에도 있는지 수소문했고, 심지어 건너편에 있는 경쟁 백화점까지도 찾아갔다. 마침 그곳에는 그 청바지가 있었다. 점원은 고객이 원하는 바지를 구입해 왔고, 이를 세일 가격으로 여성 손님에게 판매하였다고 한다. 마지막 세 번째는, 추운 겨울 누더기를 걸치고 마치 노숙자처럼 보이는 여인이 노드스트롬 백화점에 들어왔다. 유유히 이곳저곳 둘러보던 그녀는 드레스 매장에서 멈춰 섰고, 마음에 드는 드레스는 직접 입어보기까지 했다. 겉모습이 남루하고 지저분해 보였지만 아무도 그녀를 내쫓지 않았고, 드레스를 입어보는 것을 도와주었다. 노숙자 행색의 여인은 입어본 드레스를 값을 치르지도 않은 상태에서 두세 시간 후에 돌아올 것이니 보관해달라고 이야기했다. 그러자 점원은 정말 그 드레스를 별도로 보관해두었다고 한다.

노드스트롬 백화점의 유명한 일화인 타이어에 얽힌 이야기나 위의 세 가지 이야기들이 실제로 일어난 일인지 아닌지는 사실 설왕설래가 있다. 아울러 그 버전도 여러 가지로 조금씩 다르기도 하다. 그럼에도 불구하고 많은 사람들이 노드스트롬 백화점 하면 고객 중심의 서비스를 하는 기업이며 브랜드라고 믿고 있다. 그리고 위의 이야기들을 근거로 든다. 소비자들에게 이 브랜드 스토리 자체가 공감을 일으키게 하였고, 브랜드가 실제 이런 일들을 했을 것이라는 믿음을 갖게 한 것이다. 어쩌면 브랜드 스토리의 힘을 제대로 보여주고 있는 것이 바로 노드스트롬 백화점일지 모른다. 시간이 흘러 노드스트롬은 오프라인의 대명사였던 백화점을 온라인 판매를 위한 쇼룸으로도 만들고, 모바일로 원하는 제품을 예약한 후 노드스트롬 매장 탈의실에서 직접 제품을 입어보고 구매할 수 있는 서비스도 제공했다. 온라인과 오프라인을 성공적으로 결합하여 제3의 쇼핑 경험을 제공하는 것이다.

## 윤여진, 신뢰와 진정성의 인스타그래머

마케팅 전공으로 두 번째 박사 과정을 밟으면서 연구를 직업으로 삼았던 사람이 어느 순간 인스타그램을 기반으로 '여우마켓'이라는 사업을 시작, 누적 매출 3억 원을 달성했다. 바로 『나는 세포마켓에서 답을

Images from: ① publy.co/profile/556 ② instagram.com/marche.renard

찾았다』 저자이자 여우마켓의 윤우맘 윤여진 씨이다.

그녀는 대학 졸업 후 의류 회사와 명품 브랜드 회사에서 일했다. 결혼, 출산, 육아를 이어가면서 스스로 평범하다 생각했던 삶이 변화되자 산후우울증을 겪게 되었다. 인스타그램으로 소통을 하고 다른 인스타그래머들의 공구 제품을 구매해보았을 뿐, 무언가를 판매해본 적은 없었던 그녀는 무작정 자신의 이름과 아이의 이름을 따서 만든 '여우마켓'을 오픈하게 된다. 판매 제품은 육아용품이 전부였다. 직접 아이를 키우며 사용해본 제품들 위주로 판매를 시작했다. 공구 요청을 받을 만큼 많은 팔로워를 가지고 있거나 경험이 있었던 것도 아니었기에 직접 업체에 연락해 물건을 팔고 싶다고 이야기하기도 했다.

외국 생활을 오래 해왔던 덕에 영어가 자유로웠던 윤 씨는 국내에서는 판매되지 않는 제품도 메일로 문의를 하면서 적극적으로 일을 시작, 오픈 2년 만에 매출 3억 원을 기록하게 된 것이다.

인스타그램 판매자들은 대개 많은 팔로워를 보유하고 있고, 화려하게 연출된 사진과 제품 소개가 주를 이룬다. 그러나 윤 씨는 그보다는 비슷한 처지와 상황에서 육아를 하고 있는 엄마들과 소통하며 제품을 소개하는 모습을 보였다. 판매자보다는 육아용품을 먼저 사용해본 선배 엄마처럼, 때로는 친구처럼 관계를 이어온 것이다. 이를 통해 윤 씨와 인스타그램 팔로워들 사이에 자신들만의 스토리와 끈끈한 연결고리가 만들어지게 된다. 인스타그램을 기반으로 하는 마켓은 제품과 판매자 그리고 소비자가 바로 직접 연결되기 때문에 신뢰와 진정성이 부족하면 결코 거래가 이루어지지 않는다.

이는 기업의 브랜드와 고객의 관계에서도 마찬가지이다. 불특정 다수를 고객으로 두고 있다는 점에서 차이를 보이지만, 깊은 관계를 이어가고 충성 고객이 되게 하려면 전달하는 메시지, 브랜드 스토리에도 진정성과 신뢰가 필요한 것이다.

### 입짧은햇님, 솔직한 유튜버

유튜브에서 가장 많은 콘텐츠 중에 먹방(먹는 방송)이 있다. '먹방'이라는 단어가 전 세계적으로 통용될 정도로 인기를 얻는 콘텐츠이기 때문에 경쟁도 치열하다. 시청자들은 단순히 엄청나게 많은 양의 음식을 먹는다고 해서 관심을 보이지 않는다. 차별화된 스토리가 필요하다. 입

Images from: ① www.youtube.com/channel/UC-Bsa2ivAGWq7bsSPrPGFVA

137

입짧은햇님은 너무 잘 먹는 모습을 본 친구의 권유로 2015년 12월부터 아프리카TV에서 먹방을 시작, 현재는 유튜버로만 활동하고 있다. 현재 구독자가 166만 명(2021년 3월 기준)에 이를 정도로 인기 있는 유튜버이며, TV 예능 프로그램에도 출연하고 있다. 연예인들이 음악 관련 퀴즈를 풀다 틀리면 입짧은햇님이 준비된 음식을 먹는 역할인데, 유튜브에서 보여지는 모습과 다를 것 없이 친근하면서도 잘 먹는 모습에 인기를 얻고 있다.

입짧은햇님이라는 이름은 먹는 모습만을 보았을 때는 결코 입이 짧지 않은데, 한 종류의 음식만은 많이 먹지 못한다고 해서 지어졌다. 그녀의 유튜브 먹방은 한 끼를 먹는 것으로, 메인 음식과 디저트까지 4~5가지 정도의 음식을 하나의 영상으로 보여준다. 자신이 좋아하는 메뉴를 위주로 하고, 먹은 음식에 대해서는 나름의 평가를 하기도 한다. 최근에는 민트 맛의 도넛을 먹으면서 도저히 먹을 수가 없다고 솔직하게 이야기하기도 했다.

그녀는 뒷광고 논란으로 인해 많은 유튜버들이 곤란한 상황에 처해 있을 때도 공정한 방송을 해온 덕에 다시금 주목을 받기도 했다.

세상에서 가장 힘센(영향력 있는) 사람은 스토리텔러이다.

스티브 잡스 Steve Jobs

# 02

# 반전
## Contrarian

　　영화 속 슈퍼히어로 중 하나인 스파이더맨. 그는 학교에서는 왕따당하는 인물이지만, 자신이 만든 마스크와 슈트를 입으면 슈퍼히어로가 되는 반전 매력을 가지고 있다. 슈트를 입기 전에는 눈에 띄지 않는 평범한 학생이지만, 쫄쫄이 의상을 입는 순간 영웅이 되는 것이다. 그야말로 반전이다.

　　브랜드 스토리의 반전 매력이라는 것은 고정관념을 부숴버리거나, 일관성을 벗어났을 때 느끼게 된다. 또한, 기존 속성에 반대되는 스토리를 가지고 있는 경우에도 소비자들이 반전 매력을 느낄 수 있다. 우리가 알고 있는 상식적인 이야기에 반하는 이야기에도 반전 매력을 느낄 수 있다. 반전이란 말 그대로 기존의 것을 뒤바꾸는 것으로, 그 자체만으로도 흥미로울 수 있고 관심을 끌 수도 있다. 영화나 드라마, 소설 속에 등장하는 반전이 청중과 독자에게 예상치 못한 감정과 경험을 하게 하여 그 자체만으로 매력을 느끼게 되는 것과 마찬가지로 말이다. 브랜드 스토리에서 반전은 다양한 방법으로 나타날 수 있다. 사람들이 일반적으로 생각하고 있는 개념에 반하는 내용의 브랜드 스토리를 전달하는 것도 방법이 될 수 있고, 일부러 브랜드와 반대되는 내용의 스토리를 만들어 소비자들에게 들려줄 수도 있는 것이다.

생각지도 못한 순간에 브랜드가 탄생했거나 그러한 순간에 브랜드에 대한 독특한 경험을 하게 된다면 이 또한 반전 매력의 브랜드 스토리가 된다.

> **스토리는 전략이다.**
>
> 베나데트 지와 Bernadette Jiwa

## 조니 컵케이크, 컵케이크가 아니라 티셔츠를 팔다

조니 컵케이크(Johnny Cupcakes)는 컵케이크 판매점이 아닌 빵집을 연상케 하는 인테리어의 티셔츠 판매점이다. 흥미로운 점은, 그저 브랜드 네임만 조니 컵케이크라 한 것이 아니라 티셔츠를 컵케이크 상자에 넣어 포장해준다는 것이다.

조니 컵케이크의 창업자 조니 얼(Johnny Earle)은 '온 브로큰 윙스(On Broken Wings)'라는 메탈밴드의 멤버였다. 별명이 조니 컵케이크였는데, 밴드 활동을 하면서 이를 자신의 아이콘으로 만들고자 컵케이크와 해골 모양이 섞인 디자인의 티셔츠를 제작하여 입고 다녔다고 한다. 그

러자 많은 사람들이 조니가 입고 있는 티셔츠에 관심을 가지기 시작했고, 나아가 티셔츠를 구입할 수 있는지 물어왔다. 이에 조니는 자신이 입었던 것과 같은 디자인의 티셔츠를 제작하여 차 트렁크에 올려놓고 주변 사람들을 대상으로 팔기 시작했다. 이것이 바로 조니 컵케이크의 출발이었다. 2005년에는 드디어 보스턴의 뉴버리 스트리트에 첫 번째 조니 컵케이크 매장을 열게 되었다.

매장은 조니 컵케이크라는 이름에 걸맞게 컵케이크 제과점 콘셉트를 활용했다. 오븐에 믹서기와 냉장고까지, 누가 보아도 제과점이라 생각할 만한 인테리어였다. 지나가는 사람들이 컵케이크를 사러 매장에 들어올 정도였는데, 실제 컵케이크를 준비하여 실망하는 사람들에게 무료로 제공하기도 했다고 한다. 이후 보스턴의 로데오 거리와 영국 런던에 매장을 열 때마다 인파가 몰려 오픈 당일 1만 달러 이상의 매출을 올리기도 했다고 한다. 조니 컵케이크에 열광하는 사람들은 여러 가지 이유로 그 브랜드를 사랑하게 되었다. 창업자 조니의 팬에서부터, 티셔츠 디자인을 사랑하는 사람들까지. 여기에는 조니 컵케이크의 반전 매력 또한 제 몫을 톡톡히 하고 있다. 조니 컵케이크라는 이름과 다르게 의류를 판매하고 있는데, 매장은 또 컵케이크 판매점과 같다. 반전의 반전을 거듭하는 브랜드의 매력이 소비자들의 관심을 받기에 충분한 것이다.

## 디젤, 바보를 외치고 짝퉁을 판매하다

이탈리아 패션 브랜드 디젤(DIESEL)이 전개하는 브랜드 캠페인과 브랜드 스토리는 일반적인 고정관념을 깨트리는 반전을 보여준다.

2010년 봄에 전개한 디젤의 광고 캠페인인 'Be stupid(바보가 되어라)'는 디젤의 창업자이자 디자이너인 렌조 로소(Renzo Rosso)의 좌우명이기도 하다. 이때 바보는 우리가 흔히 알고 있는 의미와는 조금 다르다. 어딘가 부족하고 모자란 사람이 아니라 용감하고, 과감하고, 창조적인 사람을 가리키는 것이다. 즉, 똑똑한 사람은 일어나는 현상을 보고 비판을 먼저 하지만, 바보는 실패를 두려워하지 않으면서 용감하게 새로운 도전의 가능성을 믿는다.

2010년 무렵은 스마트(smart)가 화두가 되고, 누구나 스마트한 삶을 살아가야 한다고 이야기하는 시대였다. 그런데 이와는 반대로 바보가 되라고 외치는 디젤의 이야기는 젊은 고객들의 주목을 끌기에 충분했다. 특히 디젤은 '바보가 되어라'라고 외치는 와중에 절대로 자신들의 제품을 보여주거나, 브랜드에 대한 고루한 설명을 하지 않았다. 그저 자신들이 하고자 하는 이야기만을 전달한 것이다.

많은 기업들이 브랜드 스토리에 자신들의 브랜드 이야기가 들어가지 않거나 제품에 대한 소개가 없다면 소용이 없을 거라고 생각하는 오류를 범한다. 그리고 두려워한다. 소비자들이 이야기를 하지만 그 속에서 브랜드가 빠져버린다면 절대 안 된다고 생각하는 것이다. 하지만 이는 잘못된 생각이다. 소비자들은 브랜드 스토리의 반전 매력에 매료된다. 모두 비슷한 이야기나 들려준다면 누가 귀를 기울이겠는가. 디젤은 반대되는 이야기를 설득력 있게 전달한다. 그 속에서 소비자들은 공감하게 되는 것이다. 스마트한 세상에서 지루한 삶을 살아가고 있는 것처럼 보이는 기성세대와는 달리 창의적이고 도전적인 바보 같은 삶을 살아보는 것이 좋다고 이야기하는 디젤의 브랜드 스토리에 막힌 가슴이 뻥 뚫린 듯한 기분이 들고, 속이 시원해지는 것이다.

디젤의 반전 매력이 담긴 브랜드 스토리는 이뿐만이 아니다. 2017년 가을에는 'Go with the Flaw(결점을 받아들여라)'라는 캠페인을 진행하면서 새로운 브랜드 스토리를 전달했다. 이는 완벽을 추구하는 것이 옳고, 이를 목표로 살아야 한다는 고정관념에 반대되는 이야기라 할 수 있다. 결점이라는 것이 평범함을 넘어 개성이 되고, 이것이 새로운 매력이 될 수 있

다는 것이 이들의 이야기이다. 이를 위해 디젤은 그간 인스타그램을 통해 올렸던 완벽한 사진과 그림 등의 이미지들을 모두 지워버렸다. 완전과 완벽에 반대되는 불완전한 새로운 시작을 위해서였다.

아울러 이에 해당하는 스토리 영상을 제작하기도 했다. 일반적인 사람들과 달리 한쪽 귀가 큰 인물이 등장하는데, 그는 자신의 귀가 결점이라고 생각하며 평범한 사람들처럼 살고 싶어 한다. 이에 수술을 결심하고 평범한 사람들처럼 사랑하는 사람을 만나 결혼하고 아이를 낳게 된다. 그런데 태어난 아기가 자기와 같이 큰 귀를 가졌을뿐더러 큰 코를 가지고 있었다. 아내도 남자와 마찬가지로 큰 코를 결점이라 생각하여 수술했던 것이다. 결론은 결함이라 생각했던 개성이 많은 아이와 함께 행복하게 잘 살았습니다로 끝이 난다. 스토리만으로도 흥미로울뿐더러 '디젤스러움'을 고스란히 느낄 수 있어 소비자들이 더 열광하기도 했다.

이처럼 브랜드 스토리를 하나의 스토리로 끝낼 필요는 없다. 시리즈로 연재하듯 같은 주제가 연결될 필요도 없다. 디젤의 경우 시대상에 반대되는 반항적이면서도 신념이 느껴지는 주제를 선택하여 브랜드 스토리를 전달한다. 다른 이야기를 하고 있는 것처럼 보이지만 결론적으로 본다면 디젤은 고정관념을 탈피하여 새로운 시각을 가질 수 있게 하는 스토리를 이야기하고 있고, 이것이 디젤 브랜드의 콘셉트와 연결되며 소비자들이 자연스럽게 반전 매력을 느낄 수 있는 브랜드 스토리가 된다.

2018년 디젤은 또다시 반전 매력이 가득한 새로운 브랜드 스토리를 선보인다. 디젤의 짝퉁 에디션을 선보인 것이다. 디젤(DIESEL)의 스펠링을 조금 바꾼 데이젤(DEISEL)인데, 뉴욕 차이나타운 근처 캐널 스트리트에 노점상을 열어 그곳에서 제품을 판매했다. 여느 노점상들처럼 가판에 옷을 잔뜩 쌓아놓거나 '데이젤' 로고가 쓰인 티셔츠를 아무렇게나 걸어두고 팔았다. 그리고 디젤의 공식 SNS를 통해서 그 매장에서 손님이 직원에게 디젤의 스펠링에 대해 설명하며 싸우는 영상을 공개했다. 사람들은 흔히 볼 수 있는 디젤의 짝퉁 제품에 대한 이야기인가 보다 생각했을 텐데, 이는 디젤이 특별하게 제작한 리미티드 에디션(한정판) 제품이었다. 로고만 다를 뿐 실제 디젤의 수석 디자이너들이 디자인하고 디젤의 공정을 그대로 따른 제품이었던 것이다. 이런 이야기가 전달되자 사람들이 줄을 서서 제품을 구매하기 시작했고, 디젤은 2018년 뉴욕 패션위크에서 최고로 주목받은 브랜드가 되었다.

일명 짝퉁이라고 불리는 모조품들은 패션 업계에서는 자연스러운 일이었다. 많은 패션 브랜드들이 모조품으로 인해 골머리를 앓고 있었다. 그런데 모조품이 꼭 브랜드의 명성을 떨어뜨리기만 하지는 않는다는, 고정관념을 깨뜨리는 생각으로 디젤은 또다시 새로운 브랜드 스토리를 만들어내게 된 것이다.

디젤은 구구절절한 이야기를 할 필요 없이 실제로 자신들의 모조품을 만들어내고 이를 판매하면서 관심을 끌었을뿐더러 새로운 이야기도 소비자들에게 전할 수 있었다.

## 페이리스, 소비자를 멋지게 속이다

2018년 11월 미국 로스앤젤레스에는 이탈리아의 신발 장인 브루노 팔레시(Bruno Palessi)가 만든 팔레시(Palessi)라는 고급 신발 브랜드 팝업

스토어(pop-up store)가 문을 열었다. 조명, 인테리어 그리고 진열된 신발들도 고급스러웠다. 그러나 이는 진짜 새롭게 출시된 고급 신발 브랜드의 팝업스토어가 아닌, 미국 신발 SPA 브랜드 페이리스(Payless)의 가짜 매장이었다. 매장에 팔레시 브랜드 로고가 있는 라벨을 달고 있는 신발들은 모두 페이리스의 제품들이었다. 원래 35달러짜리 신발을 판매가의 18배가 넘는 645달러로 둔갑시켜 진열해둔 것이었다. 그리고는 패션 분야의 소셜미디어 인플루언서들을 초대하여 그 신발들을 판매하였다. 매장을 방문한 인플루언서들은 비싼 값을 지불하고 신발을 구입하였다. 오픈 몇 시간 만에 3천 달러(약 330만 원)의 신발이 판매되었다. 그들은 정말 고급스럽고 훌륭한 신발이라며 극찬을 쏟아내었다. 이렇게 인플루언서들이 평가를 끝낸 다음 매장 뒤편으로 데려가 이 모든 것이 실험이었고, 팔레시라는 고급 브랜드로 알고 있던 제품은 실은 페이리스 제품이었다고 설명했다. 물론 신발 값은 모두 돌려주었다. 대신 신발은 돌려받지 않고 팔레시의 신발에 대해 평가하는 영상을 광고로 활용했다. 이 반전의 스토리를 담은 영상은 많은 소비자의 관심을 끌기에 충분했다. 아울러 실험에 참여했던 인플루언서들이 스스로 자신의

SNS에 이 반전 스토리를 공유하면서 많은 사람들에게 브랜드 스토리가 전달되었다.

## 3M, 실패작에 다른 가치를 부여하다

3M의 포스트잇 브랜드 스토리는 워낙 유명하여 많은 사람들이 알고 있을 것이다. 나는 1980년대 3M에 근무하며 포스트잇을 한국에 론칭할 당시 세일즈와 마케팅을 담당했는데, 그때도 이 포스트잇에 대한 스토리를 직접 사람들에게 들려주곤 했다. 지금도 포스트잇은 나에게는 없어서는 안 될 필수품이다. 미팅 중에도 꼭 사용하는데, 가끔 미팅 자리에서도 이 브랜드 스토리를 이야기하곤 한다.

포스트잇의 브랜드 스토리는 3M의 중앙연구소 연구원이었던 스펜서 실버 박사의 실패에서부터 시작된다. 당시 실버 박사는 강력한 접착제를 연구하던 중 오히려 반대로 금방 떨어져버리는 접착제를 만들게 된다. 자신이 하던 연구와는 반대되는 성질의 결과물을 만들었으니 당연히 실패라고 생각했다. 주변에서도 접착제인데 잘 떨어진다면 쓸모가 없지 않겠냐고 이야기했다.

어느 날 같은 회사 테이프 사업부에서 일하

던 아트 프라이를 통해 새로운 가능성을 보게 된다. 프라이는 매주 일요일에 교회 성가대에서 노래를 불렀다. 그런데 노래를 부르던 중 찬송가 페이지를 찾기 쉽게 하려고 끼워 넣었던 종이가 자꾸 빠져나가 원하는 페이지를 찾는 데 어려움이 따랐다. 그렇게 불편함을 느끼던 중 프라이는 실버 박사의 접착제가 떠올랐다. 그 접착제를 다른 메모 종이에 붙여 찬송가 책에 붙이면 쉽게 붙일 수 있고, 다시 떼어낼 때도 큰 힘을 들이지 않고 책이 찢어지지 않게 떼어낼 수 있으리라는 생각이 든 것이다. 그렇게 모두 실패작이라고 여겼던 접착제를 종이에 활용하면서 연구를 시작했고, 결국 지금의 붙였다 떼었다가 가능한 포스트잇을 개발하여 판매하게 되었다.

3M의 브랜드 스토리가 매력적으로 느껴지는 것은 3M이 실패작에서 새로운 가능성을 보고 다른 가치를 입힌 반전 스토리를 담고 있기 때문이다.

## ━ 발뮤다, 물을 더하면 더 바삭해진다?

2003년 창립한 일본의 가전 브랜드 발뮤다(Balmuda)는 창업자 테라오 겐의 예민한 감각으로 지금의 성공에 이르게 되었다. 생활 가전 브랜드인 발뮤다는 선풍기, 전기주전자 발뮤다 더 포트, 더 토스터, 전기밥솥 발뮤다 더 고한에 이르기까지 다양한 제품을 선보이며 인기를 얻고 있다. 특히 발뮤다 더 토스터는 일반 토스터보다 몇 배나 높은 가격에도 불구하고 높은 판매량을 기록한다. 일명 '죽은 빵도 살리는 토스터'라는 별명으로 불리며 많은 소비자들에게 사랑받고 있다. 더 토스터

는 '발명'이라는 이름으로 그에 해당하는 스토리도 있다. 그리고 그 스토리는 소비자들에게 반전의 매력을 느끼게 하고, 발뮤다 더 토스터에 더 큰 관심을 가지게 한다.

더 토스터를 한창 개발 중이던 2014년 회사 근처 공원에서 직원들이 바비큐 파티를 했다. 하필 그날은 비가 내려 어쩔 수 없이 천막을 치고 파티를 진행했다. 연기가 너무 많이 나자 고기 대신 숯불에 빵을 구워서 먹기 시작했는데, 빵 맛이 아주 좋았다. 혹시 숯에다 빵을 구워서 그렇게 맛있었던 것인지 연구를 해보았지만 그렇지 않았다. 비가 와서 빵이 축축했기 때문이었다. 그렇게 해서 발뮤다 더 토스터만의 차별점인 5cc 용량의 물이 탄생하게 된다. 더 토스터는 스팀으로 생긴 수증기가 일반적인 공기보다 빨리 가열되어 빵의 표면이 살짝 익게 되고, 빵 속의 수분이 빠져나가지 않아 속은 더욱 촉촉해지는 장점을 가지고 있다. 그렇게 오히려 바삭한 빵을 굽는 데 물이 필요하다는 반전을 경험하게 된 것이다. 물론 이러한 이야기가 발뮤다의 더 토스터 구매에 직접적으로 영향을 미치지는 않았을 것이다. 그런데 직접 더 토스터를 사용해본 고객들에게 이러한 브랜드 스토리는 더욱더 신뢰를 갖게 하고, 그들이 주변 사람들에게 들려주게 되면서 자연스럽게 전파된 것이다.

발뮤다의 창업자 테라오 겐의 감각은 발뮤다의 브랜드 스토리에도 고스란히 드러난다. 가전제품을 판매하는 기업임에도 불구하고 발뮤다는 예술적·감성적 감각에 집중한다. 특히 테라오 겐이 발뮤다 더 토스터를 개발하기로 한 계기가 자신이 어린 시절 어머니의 생명보험금으로 떠났던 여행에서 맛봤던 갓 구운 빵의 향기를 기억하고 그 감각을 살려내기 위해서라고 하니, 이 또한 제품의 성질과는 조금 다른 브랜드 스토리가 반전 매력이 된다. 감각을 재현하기 위한 기술, 그 기술을 개발하기 위해 끊임없이 노력하는 발뮤다, 그 속에 담긴 브랜드 스토리가 소비자들에게 감동을 줬다고 할 수 있다.

## 프릳츠, 낡은 것에서 새로움을 만들어내다

프릳츠커피컴퍼니는 2014년 문을 열었다. 그린빈 바이어 김병기, 김도현 로스터, 박근하 바리스타, 송성만 바리스타, 커퍼 전경미, 제빵업계에서 천재 소리를 듣는 허민수 셰프가 공동으로 창업했다. 현재 마포, 종로, 양재 3곳의 매장을 운영하고 있는 프릳츠는 자신들만의 독특한 브랜드 스토리와 콘셉트로 세대에게 공감을 얻어 인기를 이어가고 있다.

나 또한 양재동과 마포 도화동에 있는 프릳츠 매장을 방문한 적이 있다. 무화과 바게트와 원두커피를 맛보았는데, 빵도 커피도 충분히 맛있었다. 기본적으로 프릳츠커피컴퍼니는 커피 로스터리 기업이다. 좋은 원두를 수입하여 로스팅한 뒤 매장에서 원두를 직접 판매하기도 하고,

일반 소비자들에게 정기 배송하는 구독 모델을 갖추고 있다.

프릳츠는 커피에만 집중한 브랜드가 아니라 빵도 함께 취급하고 있는데, 이는 서브메뉴의 개념이 아니다. 홈페이지에서도 '프릳츠입니다. 빵과 커피가 있습니다.'라고 자신들을 설명하고 있는 것처럼 커피와 베이커리에 모두 집중하고 있다. 그래서인지 브랜드 스토리의 영향력을 바로 확인할 수 있는 인스타그램에서 프릳츠와 관련된 글과 사진을 보면 빵이 중심이 되는 경우가 많은 것을 볼 수 있다. 프릳츠는 처음부터 커피와 빵, 두 가지에 집중한 좋은 브랜드가 되겠다는 목표를 갖고 있었다. 창업 멤버 중에 제빵을 하는 셰프가 함께 있었던 것을 보면 말이다.

그런데 소비자들이 프릳츠에 주목하는 것은 이런 원두나 빵, 구독 서비스가 아니다. 레트로 카페의 모습을 하고 있는 프릳츠는 낡은 것들을 현대적으로 해석하여 그 자체로 새로움을 만들어낸다. 거기서 오는 매력에 빠지게 되는 것이다. 한국의 자개장과 낡은 가구들이 놓여 있고, 이와 함께 해변가에서 사용하는 듯

한 오색 파라솔과 플라스틱 의자도 있다. 어쩐지 서로 관계없고, 어울리지 않을 듯한 것들이 한데 모여서 이색적인 아름다움을 풍긴다. 이런 이색적인 매력이 밀레니얼 세대에게 제대로 통했다.

프릳츠라는 이름에서도 레트로풍을 느낄 수 있다. 프릳츠는 '고장' 또는 '고장나다'라는 뜻의 영어 fritz를 예전 방식으로 표기한 것이다. 하지만 그 의미가 프릳츠 커피 브랜드와 특별히 연관이 있어 보이지는 않는다. 그보다는 '프릳츠'라는 한글표기 자체가 하나의 디자인으로 인식된다. 어딘지 어색해 보이는 ㄷ 받침은 젊은 세대에게는 오타로 보일지 모른다. 그리고 짙은 빨강과 파란색으로 표현된 색감과 타이포그래피 또한 레트로적 감성을 가득 담고 있다. 커피 브랜드라고 하면 영문으로, 혹은 화려하고 세련되게 표현하는 것이 대부분인데, 프릳츠는 오히려 그와는 다른 매력으로 브랜드 스토리를 만들어낸다. 그리고 이러한 레트로적 감성을 자신들만의 코리안 빈티지라는 콘셉트로 만들어 전달한다.

너무도 생뚱맞은 물개 캐릭터는 사람들의 시선을 끌었다. 물개가 캐릭터가 될 수 있었던 배경에는 프릳츠 소속 디자이너와 대표 간의 대화 속에서 나왔던 '커피와 전혀 상관없는, 심지어 물개가 나와도 상관없는 로고'라는 말 한마디 때문이었다고 한다. 그렇게 물개가 프릳츠의 로고가 된 것이다. 컵을 들고 있는 물개는 MZ세대들에게는 스타벅스 사이렌보다 프릳츠 물개가 더 좋다는 이야기를 만들어내기도 했다. 커피와는 전혀 연관이 없고 낯선 물개 캐릭터. 그런데 이렇게 엉뚱하고 커피와는 어울리지 않는 낯선 캐릭터는 사람들의 뇌리에 금방 각인되는 장점이 되었고, 독보적으로 확대재생산이 가능한 강점이 되었다. 프린츠는 물개 캐릭터를 활용하여 컵부터 에코백, 문구류 등 다양한 굿즈를 제작하였다. 자연스럽게 MZ세대 사이에서 팬덤이 만들어졌고, 이 물개가 들어간 굿즈를 구매하기 위해 매장 앞에서 긴 줄을 서기도 한다. 뿐만 아니라 리미티드 에디션이 나올 때면 더 큰 인기를 얻게 되어 일명 '뭘 만들어도 다 잘 팔리는' 프린츠가 된 것이다.

프린츠가 브랜드 스토리를 제대로 만들어 성공할 수 있었던 것은 이렇게 독자적인 자신만의 공간과 더불어 독보적 캐릭터, 로고가 한데 어우러졌기 때문이다. 그래서인지 프린츠 사이트에서는 굿즈 카테고리가 따로 있어 커피만큼이나, 혹은 그보다 많은 굿즈를 구매할 수 있다. 프린츠를 커피나 빵보다는 디자인문구 제품 브랜드라 오해할 정도로 디자인적인 면에서도 매력 있는 굿즈들을 말이다. 이러한 오해는 프린츠 브랜드를 느끼고 경험하는 또 다른 방법이 되고, 소비자들에게 브랜드 스토리를 전달하고 공감할 수 있는 시작과 끝이 된다고 할 수 있다.

수천 년 동안 변하지 않은 좋은 스토리만큼
감성을 자극하기에 좋은 방법은 없다는 것이다.
박서 크리에이티브 Boxer Creative

153

# 03

# 드라마틱한 스토리
## Dramatic episode

드라마틱하다는 표현은 일상과 현실을 벗어나 드라마에서나 일어날 수 있을 법한 일들이 벌어질 때 쓰는 말이다. 현실 세계에서는 보기 힘든 상황이 벌어지거나, 실제로 내가 하기는 어려운 일들을 브랜드가 해낼 때 소비자들은 브랜드 스토리에서 드라마틱한 매력을 느낄 수 있게 된다. 소비자들에게 대리만족을 느끼게 함으로써 매력을 어필하는 것이다. 상상 속에서나 일어날 수 있을 법한 일들이 브랜드 스토리로 나타날 때 소비자들은 즐거움을 느낄 수 있게 된다.

— 써 켄싱턴 케첩, 존재하지도 않는 인물이 만든 케첩

무역상 집안에서 태어나 옥스퍼드와 케임브리지에서 무역, 농업, 요리 등을 공부하였다. 학교를 졸업한 후 정치인과 상류층을 위한 만찬 행사나

살롱을 관리하는 일을 했다고 한다. 영국 여왕의 명으로 동인도회사에서 향료 관련 일을 하면서 전 세계 미식가들과 교류했다. 그러던 어느 날 국가 정상들이 모인 회담장에서 러시아 에카테리나 대제가 일왕이 가져온 와규 스테이크에 어울리는 케첩을 만들어달라고 요청한다. 적당한 것을 찾지 못해 결국 급하게 소스를 만들어 대접하게 되었고, 그 후 수백 년 동안 잊혔던 소스의 레시피가 노튼과 라마단에 의해 발견되었다.

이렇게 전설적인 케첩 소스를 만든 사람은 '써 켄싱턴 케첩' 패키지에도 그려진 콧수염에 중절모를 쓴 영국 신사 켄싱턴 경이다. 그가 개발한 케첩 소스를 2000년 미국 브라운 대학에서 경제학을 전공한 스콧 노튼(Scott Norton)과 마크 라마단(Mark Ramadan)이 발견했다는 것인데, 이 모든 이야기는 스콧과 마크가 만들어낸 드라마틱한 스토리이다. 이 둘은 학창시절 왜 햄버거와 감자튀김에 곁들여지는 케첩은 모두 '하인즈 케첩(Heinz Ketchup)'인지에 대해 의문을 품었고, 졸업 후 각자 직업을 가지게 된 후에도 케첩 신제품 개발을 멈추지 않았다. 그렇게 개발한 케첩은 하인즈에 비해 설탕과 나트륨이 적게 들어가 더 '건강한' 케첩이었다. 자신들의 케첩을 대중에게 알리기 위해서는 하인즈와는 반

155

대되는 마케팅 전략을 세워야겠다고 생각했고, 고급스럽고 건강에 좋은 제품 콘셉트를 설정하게 되었다. 대중들은 모든 패키지에 그려진 켄싱턴 경의 모습을 보고 그와 관련된 스토리를 사실이라고 받아들였다. 아주 긴박한 상황에서 급하게 만들어진 마법 같은 케첩 소스, 그 자체만으로도 소비자들에게는 흥미로운 스토리였다. 왠지 비밀의 소스가 다시 부활했다는 기대감을 가지게 했을지도 모른다.

모든 브랜드가 이렇게 허구의 소설과도 같은 스토리를 가지고 있을 필요는 없다. 하지만 브랜드 콘셉트와 마케팅 전략에 따라 스토리를 개발한다면 이야기는 달라진다. '써 켄싱턴 케첩'은 제품과 브랜드 이미지, 브랜드 스토리 삼박자가 잘 맞아떨어지면서 스토리가 너무도 자연스럽게 드라마틱한 매력을 더해준 사례라 할 수 있다. 그저 두 젊은이가 고심과 연구 끝에 케첩을 개발했다는 식상한 창업 스토리보다는 더욱 흥미로울 수밖에 없다.

이러한 브랜드 스토리에 힘을 얻어서일까. 실제 써 켄싱턴 케첩은 미국 홀푸드 등 유기농 식품 매장에서 하인즈를 제치고 1위를 차지하기도 했으며, 창업한 지 9년밖에 되지 않았지만 2017년 유니레버에 1억 4천만 달러에 인수되며 하인즈의 강력한 라이벌이 될 수 있었다.

## 자포스와 와비파커, 드라마 같은 스토리

인터넷 기업의 신화로 꼽히는 자포스(Zappos)는 토니 셰이(Tony Hsieh)가 1999년 설립한 회사로 신발과 가방 판매로 사업을 시작하였다. 세계 최대의 온라인 신발 쇼핑몰로 성장한 후 2009년에는 세계적

전자상거래 회사인 아마존에 인수되어 화제가
되기도 했었다. 이때 많은 사람들에게 화제가
된 이유는 높은 인수 금액도 아니고, 비밀스러
운 인수 이유가 있었기 때문도 아니다. 아마존
이 자포스를 인수한 배경이 자포스가 만들어
온 '최상의 고객 감동 서비스'에 관한 노하우
와 브랜드 이미지를 그대로 얻어가기 위함이
었다고 한다.

이렇듯 자포스는 고객을 위해 최고의 서비
스를 제공한다는 스토리를 가지고 있다. 이는
그저 고객에게 친절하고 최상의 서비스를 제
공한다고 해서 만들어지지는 않는다. 많은 소
비자들은 기업의 서비스에 회의적인 모습을
보인다. 기본적으로 좋은 대우를 받기를 원하
고, 서비스 평가에 대한 기준이 높다. 더욱이
많은 기업들이 차별을 위해 최상의 서비스, 더
좋은 서비스를 외치고 있는 시대에 고객을 만
족시킨다는 것은 어려운 일이다. 그럼에도 불

구하고 자포스는 고객을 감동시킨 드라마틱한 브랜드 스토리를 간직하
고 있고, 이는 많은 소비자들에게 전달되고 전달되었다.

자포스는 온라인으로 제품을 판매하고 있어 전화로 상담을 하는
경우가 많다. 이렇게 고객들을 전화로 상대하는 직원들을 자포니언

(Zapponian)이라 부르는데, 이들은 출근 복장이 자유롭다. 피어싱이나 문신도 자유롭게 할 수 있다. 복장뿐만 아니라 고객을 상대할 때에도 매뉴얼에 구애받지 않고 각자의 방식대로 자유롭게 진행한다. 매뉴얼이 없다면 고객 응대에 문제가 발생할 것 같은데, 자포스는 그렇지 않다. 자포니언은 자유롭게 응대할 수 있기에 스스로 회사를 대표한다는 자긍심을 가지게 되었고, 이는 서비스에도 고스란히 나타났다.

어느 날 한 여성이 자포스에서 여러 켤레의 신발을 구매하였다. 연세가 많으신 어머니에게 선물하기 위해서였는데, 병약해지신 어머니는 야위시어 그중 두 켤레만이 사이즈가 맞고 나머지는 맞질 않아 반품해야 했다. 그 여성은 자포스 측에 반품 신청을 하고 반송하려고 했는데, 그사이에 어머니가 돌아가셨다. 장례를 치르느라 15일이라는 반품 기한을 넘기게 되었고, 장례식을 마친 후 집으로 돌아오니 자포스로부터 반품 관련 메일이 와 있었다. 그녀는 어머니의 장례로 인해 반품을 하지 못했다고 답장을 썼고, 자포스로부터 직접 제품을 포장해 가지고 가겠다는 내용의 메일을 받았다. 그런데 다음 날 그녀의 집에 도착한 것은 제품 반송업체 직원이 아닌 꽃다발이었다. 하얀 장미와 백합, 카네이션으로 장식된 꽃바구니는 자포스에서 그녀에게 애도의 뜻으로 보낸 것이었다. 감동받은 고객은 왈칵 눈물을 쏟아냈고, 이 내용을 자신의 블로그에 올리게 되었다.

자연히 이 이야기는 사람들에게 알려졌고, 드라마보다 더 드라마 같은 이 브랜드 스토리는 자포스가 얼마나 고객을 위하는 기업인지를 고스란히 느끼게 해주었다. 만약 억지로 이런 스토리를 만들어내려 했다면 감동은커녕 공감도 없었을 것이다. 드라마틱한 브랜드 스토리라 하여 영화 같은 스토리가 필요한 것은 아니다. 고객이 직접 느끼고 감동받을 수 있는 스토리가 있어야 한다. 바로 체험을 바탕으로 한 스토리가 있어야 하는 것이다.

이런 드라마틱한 브랜드 스토리를 간직하고 있는 브랜드가 또 있다. 바로 와비파커(Warby Parker)이다. 와비파커는 혁신적인 유통 시스템을 통해 성공을 거둔 안경 브랜드이다. 온라인을 통해 안경을 고르고, 직접 물건을 받아 착용해본 후 구매하지 않을 제품들은 다시 반송시키는 시스템을 통해 고객들에게 새로운 구매 경험을 하도록 했다. 온라인 판매로 시작했지만 이제는 오프라인 매장까지 운영하고 있다.

소비자들을 감동시킨 브랜드 스토리도 있다. 미국 애틀랜타에 살고 있는 테스 존슨은 어느 날 자신의 안경을 찾기 위해 와비파커 매장을 방문했다. 그런데 그날 존슨은 그리 기분이 좋지 못했다. 당일 아침 자동차를 도둑맞았기 때문이다. 자연히 와비파커 매장에서 직원에게 이러한 이야기를 하게 되었고, 얼마 후 그녀는 선물을 받게 된다. 우편함으로 도착한

선물은 와비파커로부터 온 것이었다. 인근 지역의 식당에서 사용할 수 있는 외식 상품권과 한 통의 편지였다. 그 식당은 그녀가 직원에게 자신이 좋아한다고 이야기했던 맥줏집이기도 했다. 이런 선물을 받은 존슨은 곧바로 자신의 SNS에 와비파커를 '공감해주는 친구'라고 표현하며 최고의 찬사를 보냈다. 이 이야기는 당연히 많은 사람들에게 공유되었다.

## 펭귄, 독자가 스토리를 만들다

펭귄북스(Penguin Books)는 1935년 7월 보들리헤드(Bodley Head) 출판사의 전문경영인이었던 앨런 레인(Allen Lane)의 열차 여행에서 시작되었다. 책을 사기 위해 들른 역 구내 서점에 읽을 만한 책이 없어 실망한 그는 흥미롭고 재미있는 책들을 문고본으로 발간하겠다는 목표로 펭귄북스를 시작하였다. 펭귄북스는 이러한 창업자의 스토리보다 더욱 흥미롭고 드라마틱한 매력적 스토리를 가지고 있는데, 이 스토리만으로도 펭귄북스가 어떤 브랜드 철학을 가지고 있는지를 알 수 있을 정도이다.

영국 성공회 대주교인 테리 웨이트가 무슬림 단체에 납치당한 일이 있었다. 그는 리비아에 억류된 인질 10명을 석방하기 위해 뛰어들었다가 그들과 함께 억류되었다. 전 세계 신문의 1면을 장식할 만큼 큰 사건이었고, 많은 이들이 주목하고 있었다. 그날부터 테리 웨이트는 4년이라는 긴 시간 동안 독방에 갇혀 고통스러운 시간을 보내게 되었다. 두들겨 맞기도 하고, 갇혀 있는 동안 천식으로 고생을 하기도 했다고 한다.

 하지만 이러한 시간 속에서도 그의 성품은 고스란히 나타났고, 이에 그를 지키고 있던 감시요원들은 점차 그를 챙기기 시작했다. 어느 날은 그와 친해진 한 감시요원이 책을 한 권 구해주겠다고 이야기했다. 너무나 오랜만에 읽게 되는 책이니 소중한 기회라 생각했던 웨이트는 어떤 책을 갖다 달라고 해야 할지 고민이 되었다. 언어 때문에 서로 대화가 잘 이루어지지 않는 상황에서 읽고 싶은 책의 제목을 제대로 전달할 수 있을지도 걱정이었다. 고민을 거듭하던 테리는 어떤 책으로 해야 할지 결심했다. 그는 감시원에게 펭귄을 그려 주며 책의 귀퉁이에 펭귄이 그려진 책은 어떤 책이라도 좋다고 이야기한다. 그렇게 수감 시간 동안 펭귄출판사의 책을 읽게 된 것은 그에게는 큰 행운이었다.

 훗날 석방된 후 왜 펭귄출판사의 책을 읽었느냐는 질문에 그는 펭귄출판사에서 출간한 책이라면 어떤 책이든 상관없이 읽을 만하리라 생각했다고 답했다. 좋은 책을 읽기 위해서는 무조건 펭귄출판사를 선택하면 된다는 것이었다. 이 스토리는 펭귄출판사가 어떤 철학으로 책을

선택하고 출간해오고 있는지를 보여주는 브랜드 스토리이다. 아울러 다른 소비자들에게 감동을 주고 동시에 믿음을 주는 브랜드 스토리인 것이다.

## 미코하라, 교황이 쌀을 먹게 하다

책으로도 출간되어 많은 사람들이 알고 있는 일본의 쌀 브랜드가 있다. 인구 2만 3000명의 소도시에서 재배되는 쌀의 브랜드인 미코하라(神子原)는 다카노 조센이라는 공무원을 만나기 전에는 알려지지 못했었다. 미코하라 쌀은 특별할 것도 없었던 쌀이 어느 한순간 일본 전체에서 가장 유명한 쌀 브랜드가 되는 드라마틱한 스토리를 가지고 있다. 다카노는 1년 안에 농작물을 브랜드화하라는 지시를 받고 다양한 방법을 생각하기 시작했다.

우선 쌀의 품질은 일본 전국 3위로, 맛과 품질 면에서 인정을 받고 있었다. 그렇다면 이를 제대로 알리는 방법이 필요했는데, 그가 생각한 방법은 유명하고 직위가 높은 사람이 먹음으로써 홍보가 되게 만드는 것이었다. 이에 일본에서 가장 높은 사람인 천황 부부가 쌀을 먹게 하려고 궁내청에 연락을 했지만 결과는 좋지 못했다. 처음에는 쌀을 먹기로 했던 천황 부부가 다시 말을 바꾼 것이다. 하지만 그는 포기하지 않았다. 미국(米國)의 일본어 한자 표기에 쌀 미(米) 자가 들어 있다는 것에 착안하여 2005년 당시 미국 대통령이었던 조지 W. 부시에게 쌀을 보낼 계획을 세웠다. 무작정 백악관에 쌀을 보내서는 결코 성공할 수 없으리라 생각한 다카노는 부시 대통령의 아버지에게 쌀을 보내면 성공할 가능성이 높을 것이라 생각했다. 그런데 이런 계획을 세우던 중에 다카노는 뜻밖의 연락을 받게 된다. 바로 로마 교황청이었다. 다카노는 미국 대통령에게 쌀을 보내야겠다는 생각을 하기 이전에 미코하라의 한자에 '신의 아들(神子)'이라는 말이 들어 있다는 사실에 주목하여 전 세계 수억 명의 신자를 거느리고 있는 가톨릭 교황에게 쌀을 보낼 계획을 세웠다. 직접 편지를 써서 보냈지만 두 달이 지나도록 답을 받지 못하고 있었는데, 갑작스럽게 연락이 온 것이다. 쌀의 브랜드인 미코하라의 뜻을 본 교황 측에서 너무도 신성한 이름이라 감동을 받았다며 다카노의 제안을 받아들이기로 했다. 교황이 미코하라 쌀을 먹기로 한 것이다. 이렇게 교황이 먹은 쌀이라는 스토리가 브랜드에 입혀지며 일본 현지에서는 불티나게 팔리게 되었다. 그리고 이 쌀 브랜드는 지금도 일본 항공사의 국제선 일등석에서 사용하는 고급 쌀의 대명사가 되었다고 한다.

별 볼 일 없던 말단 공무원과 시골에서 재배되는 쌀. 너무나 흔하고 주목받기 어려운 조합이었지만, 노력과 드라마틱한 스토리가 더해져 브랜드가 살아 숨 쉬게 된 것이다. 이처럼 드라마틱한 브랜드 스토리

는 현실에서는 일어나기 힘든, 드라마에서나 나올 법한 이야기가 있을 때 빛을 발하게 된다.

# 04

# 체험
## Experience

       친근하다는 것은 친하고 익숙한 것에서 느낄 수 있는 감성이다. 국어사전은 '사귀어 지내는 사이가 아주 가깝다'라고 정의하고 있다. 브랜드는 스토리를 통해 소비자들에게 친근하게 다가갈 수 있다. 특히 이러한 친근한 매력은 소비자가 직접 브랜드 스토리를 경험하고 체험하는 과정에서 느낄 수 있다.

  소비자는 단순히 브랜드가 전해주는 이야기를 듣기만 하는 것이 아니라 직접 체험하고 경험하면서 브랜드를 느끼게 되는데, 이 또한 넓은 의미로 브랜드 스토리라 할 수 있다. 소비자들은 체험과 경험을 통해 브랜드 스토리를 친근하고 친숙하게 느끼게 되고, 이는 브랜드에도 고스란히 투영된다. 브랜드의 입장에서는 소비자들이 체험한 스토리가 더해지면서 더욱 풍성하고 매력적인 브랜드 스토리가 만들어지는 장점도 있다. 소비자들이 경험한 스토리들은 나와 가까운 사람의 이야기라 느껴지고, 이를 통해 브랜드에 대한 애정이 생기기도 한다. 청중들은 단순하게 멋진 브랜드 스토리를 듣는 것보다는 직접 체험하면서 브랜드 스토리를 느끼고 즐기고 싶어 하기 마련이다. 소비자의 체험(consumer experience)이 브랜드 스토리의 가장 핵심적인 요소가 되는 것이다. 특히 소비자 체험은 브랜드 스토리에 날개를 다는 것과 같다.

> '좋은 광고의 10가지 요건' 따위는 없다.
> 오직 딱 한 가지 요건이 있을 뿐이다.
> 이야기를 통해 물건을 팔아라(Tell and Sell)!
>
> 핼 스테빈스 Hal Stebbins

## ━ 룰루레몬, 매장에서 요가를 배우게 하다

캐나다의 요가복 브랜드 룰루레몬(lululemon)은 1998년 칩 윌슨(Chip Wilson)에 의해 탄생한 이후 애슬레저룩의 원조라고 칭송받으며 인기를 누리고 있는 브랜드이다. 애슬레저룩이란 애슬레틱(athletic)과 레저(leisure), 룩(look)의 합성어로, 운동복과 일상복으로 두루 어울리는 옷을 칭한다. 룰루레몬은 남성복을 중심으로 하는 트레이닝 시장에서 여성들을 위한, 특히 요가만을 위한 전문적인 운동복이 부족하다는 생각에서 출발하였다. 소재부터 디자인까지 요가에만 집중하여 제품을 개발하고, 브랜드를 이어갔다. 일상복으로도 전혀 손색이 없는 요가복이라고 하지만, 그 목표는 요가라는 운동에 있기에 주요 고객은 당연히 요가를 하는 사람들이었다. 이에 룰루레몬은 자신들의 이야기를 직접적인 요가 체험을 통해 전달하는 전략을 구사했다. 브랜드 스토리가 꼭 텍스트 혹은 영상과 같은 비주얼적인 요소로만 전달되는 것이 아니라 소비자의 직접 체험과 경험을 통해서도 전달될 수 있음을 증명하는 사례라 할 수 있다.

룰루레몬은 체험형 매장을 운영하면서 매장 내에서 요가를 배울 수 있도록 하고 있다. 강사는 매장 직원들인데, 현직 운동선수와 전문 요가 강사들이다. 매장 직원 중에 요가 자격증을 따기도 하는데, 가장 요가를 잘하는 사람들이 요가복을 팔아야 한다는 철학이 바탕에 있기 때문이다.

또한, 단순하게 옷만 판매하는 것이 아니라 다이어트와 요가에 대해 조언을 해줄 수 있으므로 자연스럽게 고객과 매장 직원들이 함께 요가 커뮤니티를 형성하게 되었다. 캐나다 의회 앞에서는 매년 여름이 되면 무료 요가 강좌가 열리고, 뉴욕 타임스퀘어에서는 매년 단체 요가 행사가 진행되고 있다. 2018년에는 50여 개 도시의 룰루레몬 매장 앞에서 요가 매트를 깔고 요가를 하는 사람들이 수십 명에서 많

게는 수백 명에 이르렀다. 나도 미국으로 '커피 여행'을 갔을 때 시카고 거리를 산책하다가 마주친 룰루레몬 매장의 쇼윈도에서 시범을 보여주는 요가 강사를 본 적이 있다. 저녁에는 매장이 요가와 명상 연습장으로 바뀌는 모습이 인상적이었다. 이렇듯 체험과 경험을 통해 자연히 고객들은 룰루레몬을 입는 것에 그치지 않고 그들의 브랜드를 이야기하고, 자연스럽게 브랜드 스토리를 경험하게 되는 것이다. 룰루레몬이 광고나 판촉 행사를 하지 않아도 지속해서 고객이 늘어나고, 고객들 사이에서 화제가 되는 것도 이러한 이유에서이다.

### ━ 블루보틀, 소비자가 스토리를 만들어내게 하다

소비자는 최고의 품질에 열광하는 것이 아니라 최고의 스토리에 열광한다. 세상에서 블루보틀(blue bottle) 커피가 최고일까? 결코, 아닐 것이다. 사람들은 블루보틀의 최고 스토리에 열광하는 것이다. 그렇다면 블루보틀이 인스타그램 없이 그렇게 대박을 칠 수 있었을까? 한국에 블루보틀이 들어온다는 이야기가 돌자 많은 소비자들은 관심과 흥미를 보였고, 기대했다. 2019년 5월 서울 성수동에 오픈한 날 포털사이트의 검색어 순위에서 '블루보틀'은 상위를 차지했고, SNS에는 길게 늘어선 줄에 관한 이야기로 가득했다. 그만큼 그날 블루보틀은 그 자체로 스토리였다.

블루보틀이 독특한 것은 한국에 매장이 들어서기도 전부터 많은 사람들이 관심을 가지고 있었다는 것이다. 그리고 일부러 가장 가까운 일본의 블루보틀 매장을 다녀오는 스토리를 소비자들이 만들고 이를 공유하며 블루보틀에 대한 한국만의 스토리를 만들어냈다는 점이다. 과연 소비자들은 블루보틀의 브랜드 스토리에 어떤 매력을 느꼈을까.

블루보틀은 클라리넷 연주자였던 제임스 프리먼(James Freeman)이 창업한 커피 브랜드이다. 평소 커피에 관심이 많았던 프리먼은 직접 로스팅한 커피로 한 명을 위해 한 잔의 커피를 내려 판매하기 시작하여 지금의 자리에까지 오게 되었다.

블루보틀은 무엇보다 커피의 맛과 풍미를 중요시한다. 바리스타들이 직접 커피를 내리는 데 15분가량의 시간이 걸린다. 느리게 마시는 커피. 이것이 바로 블루보틀의 콘셉트인 것이다. 국내의 많은 커피 전문점들이 패스트푸드처럼 더 빠르게 좀 더 빠르게 커피를 만들어내고 판매하고 있는 것과는 달리 블루보틀은 다소 시간이 오래 걸리더라도 고객에게 최상의 커피를 제공하겠다는 철학으로 바리스타들이 최선을 다해 커피를 내린다. 물론 블루보틀이 직접 관리하고 로스팅하는 원두도 한몫을 한다. 그리고 블루보틀의 이런 느리게 마시는 커피는 매장 분위기와도 연결된다. 바리스타와 고객이 마주 보며 이야기를 나눌 수 있도록 되어 있고, 매장 인테리어도 차분하다.

그렇다면 이렇게 브랜드가 풍기는 분위기와 소비자의 관심으로 신드롬을 이어가고 있는 블루보틀은 세계 최고의 커피 브랜드일까? 그것은 아니라고 생각한다. 아직 한국에 블루보틀이 알려지기도 전 2011년 미국으로 커피 공부를 떠났을 때 나는 블루보틀 로스터리 공장에서 직접 커피테이스팅 훈련을 받기도 했다. 최근에는 한국 매장이 오픈하기 전 일본의 블루보틀을 찾아가 보았는데, 그때는 많은 관광객들로(아마도 한국에서 온 블루보틀 팬일지도 모르지만) 인해 커피를 마시지도 못하고 나온 것이 못내 아쉬웠다.

블루보틀이 많은 사람들의 사랑을 받고 있는 브랜드임은 분명하다. 아울러 세계 최고의 브랜드 스토리를 가지고 있다. 그러나 그 스토리는 블루보틀이 아니라 소비자들이 스스로 만들어간다. 커피 한 잔을 맛보기 위해 몇 시간씩 기다렸다가 매장 안으로 들어가서 단순히 커피만 마시고 나오는 것은 아니다. 그 모든 과정이 스토리가 되는 것이다. 특히 몇 시간씩이나 기다리고 열광하는 소비자들은 블루보틀을 위해서 자신의 시간을 할애하는 것은 결코 아니다. 오히려 소비자 스스로가 자신만의 영웅적인 스토리를 만들기 위해 블루보틀을 활용하는 것이라 할 수 있다. 아무나 쉽게 맛보지 못한 커피를 내가 먹어본다는 스토리 말이다. 물론 소비자들의 스토리라 할지라도 블루보틀이라는 브랜드가 등장하니 긍정적인 효과를 기대할 수는 있다.

그러나 이러한 스토리들은 대체로 수명이 짧다. 소비자들은 금세 다른 새로운 스토리를 찾아 떠날 것이고, 그렇게 되면 블루보틀은 브랜드 스토리를 잃게 되고 말 것이다. 미국 TV 드라마 「섹스 앤 더 시티」의 주

인공인 캐리 브래드쇼가 즐겨 먹었던 '매그놀리아' 컵케이크가 2015년 국내에 처음 선보였을 때도 블루보틀처럼 많은 소비자들이 줄을 서서 기다렸다. 드라마 속 스토리를 찾아온 소비자들이 열광한 것이다. 하지만 영원할 것 같았던 소비자들의 관심과 열광은 순식간에 사그라졌다.

2016년 국내에 들어온 쉐이크쉑(Shake Shack)도 같은 모습을 보였다. 얼마 전 인앤아웃 버거(In-N-Out Burger) 팝업 매장 등장에도 소비자들은 열광했었다. 소비자는 스토리가 필요한 것이다. 절대로 인앤아웃 브랜드를 위해서 두 시간 이상 줄을 서서 기다린 것은 아니다. 한국에서 처음 선보인다는 신선함, 미국이나 다른 나라에서 맛봤던 인앤아웃의 추억을 다시금 떠올리게 하는 친숙함, 두 시간 이상 줄을 서서 맛을 봤다는 경험과 이러한 경험이 한정적이라는 것에 기인한 희소성 등이 스토리가 되기 때문이다.

오늘날의 소비자는 늘 새로움을 갈망하고 꿈꾸고 있기에 더욱더 이런 스토리를 열망한다. 단순히 소비자들이 브랜드를 위해서 줄을 서거나 기업의 브랜드 스토리를 퍼다 나르는 일을 한다고 생각해서는 안 된다. 그들은 브랜드를 소비하고 그 브랜드로 자기 자신의 스토리에 열광하는 브랜드 노마드(brand nomad)들이다. 나 자신도 일종의 브랜드 노마드에 속한다고 할 수 있다. 브랜드 강의 때마다 농담으로 "내가 모르는 브랜드는 브랜드도 아니다"라고 말한다. 이미 많은 소비자들이 브랜드 노마드라 할 수 있다. 그렇다면 어떻게 하여야만 그들에게 지속적인 사랑과 관심을 받는 브랜드 스토리를 이어갈 수 있을지를 고민해야 한다.

블루보틀의 경우 성수동 매장 오픈 첫날 하루 매출액이 무려 6천만 원에 달했다고 한다. 오로지 커피 판매 실적으로만 보기에는 믿기 어려운 금액이다. 사실 커피와 관련된 디저트 및 음료 판매액이 대략 천만 원 정도로 추산된다. 그렇다면 나머지는 무엇일까? 블루보틀의 하얀색 배경에 하늘색 병의 로고가 그려진 머그잔, 텀블러, 기념품 등의 굿즈일 것이다. 이러한 상품들이 브랜드 스토리를 또다시 이어갈 수 있게 하는 매개체가 될 수도 있다.

## ━ 배달의민족 '배짱이', 브랜드에도 팬덤이!

국내 배달 서비스 앱 1위 브랜드인 배달의민족에게는 '배짱이'라는 팬덤이 존재한다. 2016년에 시작된 '배달의민족을 짱 좋아하는 이들의 모임'. 이들은 단순한 기업 서포터즈들과는 다르다. 배달의민족이라는 브랜드를 좋아하는 팬의 마음으로 모여 자발적으로 활동하기 때문이다. 특히 팬덤문화에서 나오는 굿즈 제작에 직접 참여하기도 하고, 브랜드와 관련된 이야기들을 만들고 공유하는 데 적극적이다. 브랜드의 강력한 지지자가 되는 것이다.

배짱이의 경우 학생과 직장인, 음식점 주인, 유튜버, 마케터 등 다양한 직업을 가지고 있는데, 이들이 배달의민족을 알리는 홍보대사 역할을 하기 위해 브랜드 스토리를 전파한다고 볼 수 있다. 팬으로서 소비자들이 자발적으로 브랜드 철학이나 제품, 홍보 글들을 다양한 SNS를 통해 공유하기 때문이다. '배짱이'야말로 배달의민족 브랜드 스토리를 그대로 경험하며 더 나아가 더 많은 소비자들에게 전파하는 역할을 하는 스토리 매개체라 할 수 있다. 이들이 이토록 배달의민족을 좋아하고 스스로가 팬이 되기를 자처하는 것은 배달의민족이 전달하는 브랜드 스토리를 진정으로 경험했기 때문이라 할 수 있다. 배달의민족은 특유의 감성을 가지고 있는 브랜드이다. '우리가 어떤 민족입니까'라는 위트 있는 스토리를 시작으로 '배민신춘문예', '치믈리에' 시험 등 자신들만의 브랜드 스토리를 경험할 수 있는 기회를 만들어냄으로써 소비자들의 공감을 끌어낸 것이다.

## 띵굴마켓, 시장으로 모여드는 사람들

띵굴은 주부 이혜선 씨가 '띵굴마님'이란 닉네임으로 SNS에서 활동하던 중 2015년 9월 처음으로 선보인 5일장 '띵굴시장'을 모티브로 탄생한 라이프스타일 생활용품 브랜드이다. 띵굴마님은 3040 주부에게 널리 알려진 유명인이기도 하다.

다양한 소상공인 브랜드 제품 위주로 전국을 돌며 열리는 띵굴시장은 오프라인 시장을 넘어 이제는 온라인 '띵굴마켓'도 운영하고 있다. 오프라인에서도 띵굴마켓을 경험해볼 수 있는데, 바로 '띵굴스토어'이다. 현재 서울 시청, 성수, 롯데월드에 운영하고 있다. 띵굴스토어의 경우는 오디티코퍼레이션의 투자를 받아 유치하게 된 것이다. 그전까지는 특정 공간에 정착하지 않고 임시로 장터를 열었던 띵굴시장 위주로 운영하다가 고정 오프라인 매장을 만들게 된 것이다.

그렇다면 띵굴이 인기를 끄는 이유는 무엇일까? 단순히 띵굴 매장에서 판매하는 제품이 쉽게 볼 수 있는 유명 기업의 기성 제품이 아니라 독특하고 개성 있는 제품들이어서일까?

현대 소비자들은 남들과는 다른 자신만의 안목으로 제품을 구입하고 브랜드를 선택하는 것을 즐긴다. 그런데 띵굴은 여기에 브랜드 스토리를 더했다. 브랜드와 브랜드의 역사와 철학을 소개하는 200자 내외의 짧은 글을 모든 제품에 함께 두어 소비자들이 단순히 제품을 구입하는 데 그치지 않고 브랜드 스토리를 접하게 한 것이다. 아주 작은 상품이거나 가격이 싼 제품일지라도 모든 제품에는 이처럼 브랜드 스토리가 함께한다. 소비자들이 직접 매장을 돌며 브랜드 스토리를 경험할 수 있도록 한 것이다.

띵굴스토어에는 각각의 스토리가 담겨 있다. 띵굴스토어 시청점은 '빌딩 숲속 나만의 보물창고'이고, 성수점은 '생활을 돌보고 나를 돌아보는 띵굴의 집', 롯데월드몰점은 '미니멀라이프를 실현하는 아늑한 공간'이다. 단순히 모든 공간을 하나의 스토리로 담아내는 것이 아니라 매장에 따라 스토리를 달리함으로써 소비자들은 그 공간에서 브랜드 스토리를 경험하게 된다. 여기에 모든 공간에는 띵굴마님의 브랜드 철학이 그대로 드러나도록 구성한다. 각각의 공간을 진짜 집처럼 구성하

며 그 공간에 필요한 제품들을 비치한다. 그릇 코너에는 '나의 살림 로망'이라는 타이틀에 '어릴 적 모래밥과 나뭇잎 그릇 갖고 놀던 소꿉놀이, 어느덧 실전이 된 나의 살림살이들'이라는 스토리가 있다. 그 공간 속에서만 느낄 수 있는 브랜드 스토리의 매력을 느끼게 되는 것이다.

## 캐스퍼, 침대의 새로운 경험을 만들어내다

캐스퍼(Casper)는 매트리스 하나로 매년 8천억 원 이상의 매출을 올리고 있는 기업이다. 자체 압축 기술을 이용하여 매트리스를 박스에 담아 판매하는 것으로 유명하다. 캐스퍼는 매트리스를 판매하는 데 중점을 두는 것이 아니라 매트리스가 무엇을 위해 필요하고 소비자들은 어떤 경험을 하고 싶어 하는지에 주목했다. 그렇게 캐스퍼는 잠에 대한 브랜드 스토리를 경험하고 전달하는 것에 중점을 두고 있다. 이를 위해 미국 뉴욕 중심가 소호 거리에 '더 드리머리(The Dreamery)' 낮잠 카페를 오픈하기도 했다. 캐스퍼의 플래그십 스토어이자 낮잠을 경험할 수 있는 공간이다.

스테이케이션 스토리 핵(staycation story hacks)이라는 웹사이트에 집

에 있는 침대 매트리스에서 빈둥거리며 휴가를 보내고 즐기는 사람들의 이야기를 담았다. 스테이케이션은 머물다(stay)와 휴가(vacation)를 더한 합성어로, 집을 떠나지 않고 휴가를 즐기는 것을 뜻한다. 웹사이트에는 제트스키를 타고 물놀이를 하는 듯한 동영상이나 어두운 분위기에 화려한 조명이 켜져 있는 파티 모습이 담긴 동영상이 올려져 있다. 재미있는 것은 업로드된 영상들이 모두 1인칭 시점에서 촬영한 듯한 영상이란 점이다. 캐스퍼는 침대에 누워 웹사이트에 있는 영상을 다시 휴대폰으로 촬영하여 자신의 SNS에 올려 직접 경험한 일인 척하면 된다고 이야기한다. 일명 가짜 여름휴가를 공유하면서 사실은 침대에 누워 있다고 당당하게 이야기하라는 것이다. 거짓 이야기를 하라는 것에 반감을 느낄지 모르겠지만, 중요한 것은 침대에서 즐길 수 있는 휴가에 대한 경험을 이야기하고 있다는 것이다.

뿐만 아니라 캐스퍼는 냅 투어(Nap Tour)로 컨테이너를 개조하여 매트리스가 깔린 작은 방을 만든 다음 트레일러에 매달아 도시 근교를 여행하기도 한다. 트레일러로 여행하지만 캐스퍼 매트리스가 있으니 편하고 안락하게 여행을 즐길 수 있다는 브랜드 스토리를 경험할 수 있게 한 것이다. 매트리스를 체험해보고 싶은 사람들을 위해서는 잠깐 들러 낮잠을 자고 갈 수 있도록 팝업 매장을 설치하기도 했다. 단순하게 좋은 매트리스가 왜 필요한지, 우리의 삶에 어떤 영향을 미치는지에 대해 장황하게 설명하는 브랜드 스토리를 내놓은 것이 아니라 직접 경험하며 느낄 수 있도록 한 것이다. 또한, 이러한 경험도 그저 매트리스를 매장에 설치해두고 한번 누워봐라 하는 것이 아니라 다양한 브랜드 스토리를 경험할 수 있는 장치를 마련해둔 것도 차별화의 요소이다.

# 05

# 독특한 콘셉트
## Concept

　　　　　　　브랜드나 제품을 통해 소비자들에게
전달하고자 하는 구체적인 개념이나 이미지를 브랜드 스토리로 전달하
여 매력을 어필하되 단순히 제품과 브랜드의 기능적인 면을 설명하는
것이 아니라 이를 브랜드만의 독특한 소재나 주제로 전달하여 소비자
들에게 브랜드 자체의 독특한 매력을 각인시킴으로써 경쟁 우위를 가
질 수 있도록 하는 브랜드 스토리가 있다.

### 스토리 스토어, 매장 자체가 스토리가 된다

　매장 자체가 콘셉트이자 스토리가 되는 곳이 있다. 뉴욕 맨해튼에 있
는 스토리 스토어(Story Store)는 여느 리테일 스토어와는 다르게 4주에
서 길게는 8주마다 새로운 브랜드와 제품을 선보인다. 마치 예술품을
전시하는 갤러리처럼 며칠간은 문을 닫았다가 다시 새로운 제품과 브

랜드를, 그에 맞는 스토리와 콘셉트로 매장에 전시한다. 이는 브랜드 컨설턴트로 활동하며 경력을 쌓아온 레이첼 세츠먼(Rachel Shechtman)의 아이디어에서 시작되었다. 56평 정도 되는 공간을 활용하여 하나의 제품과 브랜드를 판매하는데, 마치 한 권의 잡지 또는 갤러리처럼 보인다. 브랜드와 제품에 매장이라는 공간을 통해 스토리를 입히는 것이다. 직원들은 스스로를 스토리텔러(Storytellers)라고 칭하고 있다. 물건을 판매하는 사람이 아니라 브랜드와 제품의 콘셉트와 스토리를 전달하는 사람이 되는 것이다.

## ▬ 브롬톤, 제품 이름이 대명사가 되다

접이식 자전거, 그중 미니벨로의 대명사로 불리는 브롬톤(Brompton). 케임브리지 공대 출신의 엔지니어 앤드류 리치(Andrew Ritchie)가 설립하고 개발한 브롬톤은 독자적으로 개발한 접는 방식으로도 유명하다. 세계에서 교통체증이 가장 심하다는 영국 런던에서 생활했던 앤드류는 접는 자전거에 관한 아이디어를 떠올렸다고 한다. 꽉 막힌 거리를 자동차로 다니는 것은 너무도 답답했다. 자동차보다 오히려 자전거가 속

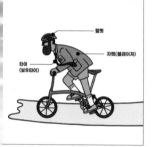

도가 더 빠른 상황이었다. 자전거를 타고 가다가 대중교통을 이용한다면 교통체증을 좀 더 줄일 수 있으리라 생각했고, 이에 접는 자전거의 필요성을 느낀 것이다. 1975년 개발을 시작하여 1981년에 이르러 이를 현실화시켰다. 세계에서 가장 작게 접히는 자전거로 유명한 브롬톤 브랜드는 열성 고객을 가지고 있다.

소비자들은 브롬톤을 통해서 하나가 되어 자신들만의 축제를 즐기기도 한다. 바로 브롬톤 월드 챔피언십(Brompton World Championship)이다. 세계 각국의 브롬톤 고객들이 참여하여 약 13km 거리의 구간을 자전거로 달리며 경주를 한다. 우리나라에서는 '브롬톤 월드 챔피언십 코리아'라는 이름으로 2012년부터 매년 진행되고 있다.

브랜드가 고객들을 위해 축제 같은 이벤트를 진행하는 것은 마케팅 전략의 일환으로 많은 기업들이 하고 있는 방법이기도 하다. 그런데 그 속에 진짜 브랜드에 대한 애정과 즐거움이 함께하는지는 고민해봐야 한다. 아울러 단순히 이벤트로 끝날 것이 아니라 그 속에서 새로운 스토리들이 만들어지고 이어져야 한다.

브롬톤 월드 챔피언십은 일반적인 자전거 경주 대회와는 조금 다르다. 참가 복장을 보면 바로 알 수 있다. 특유의 드레스 코드가 있는데, 자전거 헬멧을 쓰고 위에는 옷깃이 있는 셔츠에 타이를 메고 재킷까지 갖춰 입어야 한다. 신발도 자전거 전용 신발이 아닌 일반 신발이나 구두를 착용해야 한다. 처음 자전거를 개발하게 된 이유이기도 했던, 직장인들이 출퇴근에 이용하는 자전거라는 콘셉트를 고스란히 연결시킨 것이다.

이런 스토리를 모르는 사람들이 본다면 자전거를 타고 경주를 하기에는 불편하고 조금은 우스꽝스럽다고도 느낄 것이다. 아울러 궁금증과 함께 호기심도 느끼게 될 것이다. 브롬톤에 대한 새로운 이야깃거리가 생겨나는 것이다. 또한, 참가자들도 자신들만의 독특한 브롬톤 문화를 이어가기 위해 꾸준히 노력할 것이고, 새롭게 이런 문화에 참여하고 싶은 고객들이 늘어나게 될 것이다.

만약 브롬톤이 일반적인 방법으로 출퇴근에 용이한 접이식 자전거라는 이야기만을 들려주었다면 대부분의 소비자들은 그들의 이야기에 귀 기울이지 않았을 것이다. 정말 출퇴근을 상징하는 복장을 하고 수십 명, 많게는 수백 명에 이르는 사람들이 모여 자전거 타는 모습을 보여주고, 그들이 이야기를 하게 된다면 아주 자연스럽게 브랜드를 전달할 수 있게 되는 것이다.

## 블랭크 코퍼레이션, 소비자들의 이야기가 콘텐츠가 되다

2016년 설립된 블랭크 코퍼레이션(Blank Corporation)은 콘텐츠와 미디어, 커머스를 융합한 스타트업이다. 설립 후 미디어 커머스를 이끌며

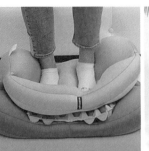

업계 선두 주자가 되었다. 생활, 뷰티, 헬스, 식음료, 패션 등 라이프스타일에 관한 약 23개의 브랜드와 260여 개의 제품을 제작하여 판매하고 있다. 블랭크 코퍼레이션 자체 브랜드 제품 중 히트 상품은 '마약베개'와 남성 그루밍 브랜드 '블랙몬스터', 반려동물 교감 브랜드 '아르르' 등이 있다.

독특한 것은 자체 브랜드를 알리고 판매하는 방법이다. 이들은 브랜드 제품을 모두 콘텐츠화한다. 글과 영상으로 만들어진 콘텐츠는 페이스북, 인스타그램, 유튜브 등 소셜미디어를 통해 소비자들에게 전달된다. 브랜드 스토리가 얼마나 중요한지 그리고 이것이야말로 소비자들에게 큰 영향력을 가진다는 것을 블랭크 코퍼레이션은 보여준다.

네이밍에서부터도 흥미를 유발하는 '마약베개', '악어발팩' 등의 제품은 직접 해당 제품들을 사용하는 모습을 재미있게 연출한 동영상 콘텐츠가 소비자들에게 공감을 일으켰다고 할 수 있다. 마약베개 콘텐츠는 베개 두 개 사이에 날계란을 넣은 후에 지나가는 사람들에게 직접 이를 밟아보도록 하는 실험 영상이었다. 100여 명의 사람들이 날계란이 들어 있는 베개를 밟아보았지만 계란은 깨지지 않았다. 마약베개의 내구성을 그대로 보여준 것이다. 자연히 '마약베개 현장검증 동영상'이라는 이름으로 소셜미디어에서 소문이 나게 되었고, 영상 조회수는 물론 판매량도 급증했다. 기존의 상품에 대한 사용후기나 파워 블로거들을 대상으로 하는 상품에 대한 광고글들이 텍스트 위주의 스토리였다면, 블랭크가 보여주는 것은 감각적인 브랜드 스토리라 할 수 있다. 사용후기나 실험영상처럼 보이지만 결국은 제품에 대한 광고이고, 브랜드가 전하고 싶은 스토리이다. 그런데 소비자들은 이를 거북하게 느끼지 않는다. 흥미롭게 즐기고 공감하고 공유한다. 브랜드 스토리가 감각적이기 때문이다.

블랭크 코퍼레이션은 이렇게 제품마다 그에 해당하는 콘텐츠를 제작하고, 이것을 본 소비자들을 구매로 연결시키고 있다. 브랜드 스토리 콘텐츠로 제작할 수 있는 제품인지를 늘 염두에 두고 있다. 새로운 스토리 커머스라고 해도 과언이 아니다.

## 스웰 보틀, 물병이 디자인이 되다

2010년 출시된 스웰(Swell) 보틀은 여느 보온병과 다를 것이 없는 스테인리스 물병이다. 다른 텀블러나 보온병에 비해 비싼데도 불구하고 전 세계적으로 많은 사람들이 들고 다니고 싶어 한다. 나도 애용하고 있다. 외부 미팅이 많은 날이면 늘 유용하게 활용한다. 전문가들은 스웰의 성공 비결을 이야기할 때 이들의 남다른 판매 전략을 주요 원인으로 꼽는다. 세라 카우스(Sara Kauss)가 2010년 '전 세계 플라스틱 퇴출'이라는 원대한 목표로 처음 선보인 이 물병은 시간이 흘러 지금은 하나

의 패션 아이템이 되었다. 예쁜 핸드백에서 투박한 물병을 꺼내고 싶지 않다는 생각으로 물병을 디자인했고, 스스로 물병 제조회사가 아니라 패션브랜드 회사를 표방했다. 회사를 설립하면서도 가장 먼저 패션 디자이너를 뽑았다고 한다. 이에 패션 브랜드 상품처럼 매년 새로운 디자인이나 다른 브랜드, 디자이너들과의 콜라보레이션 제품을 기획하여 출시하고 있다.

소비자는 가방에서 물병을 꺼내고 사용하는 것만으로도 스스로가 디자인을 중요시하며 남다른 패션 센스를 가지고 있다고 이야기할 수 있게 된다. 브랜드가 가지고 있는 스토리를 디자인으로 대신하여 보여주는 것이다.

사실 내가 외출할 때마다 가방에 넣어 다니는 최애 브랜드이다. 디자인도 쿨하고 멋지지만, 품질도 완벽할 정도로 뛰어나다. 최애 사용자로서 감히 보장한다.

## 몰스킨, 피카소와 헤밍웨이가 쓴 수첩

여느 평범한 수첩과 다를 바 없어 보이는 몰스킨(Moleskin). 그러나 소비자들은 몰스킨을 다른 수첩이나 메모지, 노트로 받아들이지 않는다. 무언가 창의적·창조적이거나 예술적인 일을 하는 사람들이 사용하는 수첩이라는 이미지이다. 이는 몰스킨이 소비자들에게 전달하는 브랜드 스토리 콘셉트 덕분이라 할 수 있다.

원래 몰스킨은 기업 브랜드가 아니라 1800년대 이후 프랑스 파리의 문구 공방들이 만들었던 수첩의 통상적인 명칭이었다고 한다. 1995년 이탈리아의 두 사업가가 회사를 설립하고 몰스킨 수첩을 제품화하여 판매하기 시작한 것이다. 이미 많은 수첩들이 시장에 나와 있어 차별화가 필요했다. 이에 몰스킨은 콘셉트를 수첩이 아니라 글자가 쓰이지 않은 책이라고 정했다. 창조적이고 예술적인 일을 하는 사람들이 몰스킨이라는 책에 자신의 이야기를 담을 수 있다는 의미였다.

이러한 콘셉트를 소비자들에게 전달하기 위해 몰스킨은 브랜드 스토리를 활용한다. 바로 몰스킨을 창작 활동에 사용했던 피카소나 헤밍웨이와 같이 예술적인 사람들의 사례를 이야기하는 것이다. 누가 몰스킨을 썼는지, 그리고 어떻게 썼는지에 관한 이야기를 들려주자 사람들은 자연스럽게 몰스킨을 새롭게 받아들이기 시작한다. 세계 곳곳에서 전시회를 열고 그때 헤밍웨이나 피카소의 글과 그림을 수첩에 넣어 전시한다. 이것으로도 이야깃거리가 되는 것이다. 그리고 이런 경험들을

담은 브랜드 스토리를 통해 소비자가 몰스킨의 가치를 인정하고 인식하게 된 것이다. 아울러 몰스킨을 사용했던 예술인과 지식인의 스토리는 자연스럽게 몰스킨의 브랜드 스토리가 되어 소비자들이 매력적으로 느낄 수 있게 한다.

이와 더불어 몰스킨은 매년 새로운 콜라보레이션을 통해 한정판 커버를 선보이고 있다. 원래 몰스킨의 디자인은 평범한 단색의 커버에 프렌치 바닐라 색의 종이로 구성되어 있다. 그런데 여기에 어린왕자, 건담, 반지의 제왕, 원더우먼, 해리포터, 하회탈, 스타워즈, 레고, 스누피 등과의 콜라보레이션으로 새로운 디자인과 분위기를 갖게 하였다. 이 한정판은 구하기 어려울 정도로 큰 인기를 얻고 있다. 그 자체로 특별함을 느낄 수 있게 하고, 수첩을 사용하는 것 외에 책처럼 수집을 할 수도 있게 되기 때문이다. 몰스킨은 이처럼 많은 사람들이 알고 있는 스토리를 브랜드에 입히면서 자연스럽게 창의성과 예술성의 스토리를 얻을 수 있게 된다.

## 무인양품, 브랜드는 없지만 스토리는 있다

무인양품은 1980년 출시된 라이프스타일 브랜드이다. 일상생활 전반에 걸친 상품을 기획하고 제조해서 판매까지 하는 무인양품은 '브랜드는 없고, 좋은 물건은 있다'라는 의미를 담고 있다. 특히나 무인양품은 로고가 없고, 디자인이 없고, 마케팅이 없는 3무의 브랜드철학을 고수하고 있다. 제품의 본질, 기능에 집중하는 브랜드라는 콘셉트를 담고 있는 것이다.

무인양품은 자신들의 제품에 대해 '이것이 가장 좋다', '이것을 꼭 사야 한다'라고 이야기하지 않는다. 그저 '이것으로 충분하다'고 이야기한다. 디자인을 화려하게 하고 비싼 공정으로 만들면 그 부담이 소비자에게 간다고 여겨서 단순한 디자인을 콘셉트로 하여 제품을 기획하고 제작한다. 브랜드가 없다는 점을 특징으로 내세우고, 이러한 콘셉트를 바탕으로 간결하고 기본적이고 보편적인 디자인의 제품을 만드는 것이다.

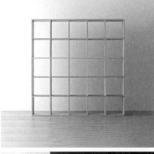

이러한 브랜드 콘셉트는 브랜드 스토리에도 고스란히 나타난다. 브랜드나 마케팅에 집중하지 않기에 제품에는 브랜드 로고가 아니라 제품의 특성을 담는다. '평평하게 펴지는 노트', '쌓을 수 있는 수납함' 등 제품의 특성을 이야기하는 것이다. 아울러 제품 가격 태그에는 '이 제품이 만들어진 이유'라는 내용을 담아두었다. 브랜드의 로고를 버리니 오히려 내

세울 수 있는 이야깃거리가 늘어난 것이라 할 수 있다.

무인양품은 단순함과 간결함을 추구하는 미니멀리즘의 대표격인데, 단순한 디자인이 전반적인 라이프스타일에 어울린다는 무인양품의 콘셉트와 연결이 된다. 무인양품은 자신들의 콘셉트를 경험할 수 있는 무

지호텔(MUJI Hotel)도 출시했다. 가나이 마사아키 회장은 중국 출장 때 묵었던 지나치게 넓고 고급스러운 호텔 방을 보고 불필요하다 느꼈다. 작은 방은 서비스가 충분하지 않아 불만족스러웠다. 이에 무인양품의 콘셉트처럼 너무 좋지도, 너무 나쁘지도 않은 적당한 호텔의 필요성을 절실하게 느껴 무지호텔을 생각하게 되었다. 2018년 1월 중국 선전에 1호점을 연 이후에 베이징과 일본 도쿄 긴자에도 문을 열었다. 당연히 객실은 모두 무인양품의 가구와 가정용품으로 채워져 있고, 무인양품 매장과 서점이 호텔 내에 있어 직접 체험하고 구매할 수 있게 되어 있다. 소비자들이 무지호텔을 통해 무인양품의 콘셉트와 브랜드 스토리를 고스란히 경험하고 받아들일 수 있게 된 것이다.

브랜드가 콘셉트와 브랜드 스토리를 전달하고자 할 때 때로는 긴 이야기보다는 직접 경험할 수 있는 기회를 만들어주는 것이 효과적일 수 있다. 무인양품의 경우 호텔이라는 공간을 선택하여 경험과 판매를 모두 충족시키는 경우라 할 수 있겠다.

새로운 포장을 디자인할 때는 이 점을 기억하라.
'앞면은 팔리게 만들고, 뒷면은 이야기를 들려주어라.

헬 스테빈스 Hal Stebbins

# 06

## 감각
### Sense

　　브랜드만의 독특하고 개성이 넘치는 브랜드 스토리를 비주얼, 디자인으로 표현한 브랜드 스토리가 있다. 단순히 텍스트로 표현할 수 있는 스토리를 비주얼적으로 확장시켜 소비자들로 하여금 브랜드의 감각적 매력을 느낄 수 있도록 하는 브랜드 스토리이다. 혹은 스토리를 제품화하여 소비자들이 제품을 구입함과 동시에 브랜드 스토리를 구입하게 되는 경우도 이에 해당한다.

　　나는 샤넬 향수보다 록시땅의 향수를 더 좋아한다. 록시땅은 1976년에 설립된 프랑스 자연주의 화장품 브랜드이다. 록시땅의 향수 중 '네 명의 도둑'이라는 향수가 있다. 1700년대 프랑스에서는 전염병이 유행하여 많은 사람이 죽었다. 그런데 위험천만한 상황에서도 네 명의 도둑은 전염병을 무릅쓰고 도시를 활개 치고 다닌다는 소문이 들렸다. 사람들이 도둑들에게 전염병이 무섭지 않으냐고 묻자 그들은 "우리는 향수를 쓴다. 이 향수를 쓰면 병이 떨어지고 여성들이 좋아한다"라고 답했다고 한다. 엉뚱하고 말도 안 되는 이야기 같지만, 실제로 전염병 속에서도 살아남은 사람들이 향수가 비결이라고 이야기하니 어딘지 모르게 그 향수가 대단하다고 느껴진 것이다. 이에 록시땅의 사장은 이 스토리가 담긴 제품을 만들어내게 된 것이다.

이야기 속에 등장했던 향수를 진짜 현실화시키면서 자연스럽게 스토리를 담아내는 것, 이것이 바로 브랜드 스토리의 매력이기도 하다. 소비자들에게 제품이 아닌 스토리를 구매하게 하고, 이를 통해 단순히 제품을 사용하는 데 그치는 것이 아니라, 이야기 속의 주인공이 되어볼 수 있게 하는 것 말이다. 나 또한 3M 글로벌 매니저 시절에 필리핀 마닐라 출장 중 월스트리트 저널에 소개된 록시땅 기사를 보고 당장 매장으로 달려갔던 기억이 아직도 생생하다.

## ━ 리델, 잔이 와인 맛을 좌우한다?

오스트리아의 유명 와인 잔인 리델(Riedel)은 20세기 명품으로 선정될 정도로 와인 잔 브랜드 중에서 인정받고 있다. 오랜 역사를 가지고 있음은 물론이거니와 얇고 큰 잔, 손으로 잡는 부분인 긴 다리의 디자인이 우아하고 섬세하여 인기를 얻고 있다.

특히 와인 잔의 디자인은 와인의 맛을 좌우지하기에 더욱더 중요하다는 것이 리델의 브랜드 철학이다. 사람의 혀에는 쓴맛과 신맛, 단맛 등을 느끼는 부위가 다르기 때문에 와인 잔의 모양과 두께에 따라 와인이 입안 어느 부위에 닿느냐가 결정되어 맛이 다르게 느껴진다는 것이다.

이렇게 리델은 와인 잔을 어떻게 디자인하느냐에 대한 고민과 연구에 대한 브랜드 스토리가 와인 잔에 그대로 투영된 것이라 할 수 있다.

리델 회장은 와인 잔은 와인을 음미하는 데 가장 중요한 액세서리라면서 고급 와인을 마시는 즐거움 중 하나가 바로 리델 와인 잔으로 마시는 것이라고 이야기한다. 리델 와인 잔은 포도 품종에 따른 향과 맛 등 특징을 최대한 살릴 수 있도록 제작하였으며, 와인 맛을 최대한 살릴 수 있는 제품이 나올 때까지 수년간 테스팅을 거듭한다고 한다. 형태와 디자인에 기능과 함께 스토리를 담은 것인데, 이렇게 브랜드 철학이 반영된 리델 와인 잔은 각종 디자인상을 거머쥐었고, 뉴욕 현대미술관에 영구 소장되기도 했다.

특히 와인 애호가들을 초대하여 리델 와인 잔으로 시음하게 하며 제품 설명회를 진행하는데, 얇고 긴 다리가 달린 우아하고 섬세한 디자인의 와인 잔으로 시음하는 과정에서 사람들은 자연스럽게 브랜드 스토리를 느낄 수 있게 된다. 와인을 마시면서 리델의 고급스럽고 아름다운 잔과 그 잔에 담긴 스토리가 와인의 맛에 영향을 미치게 되는 것이다.

리델은 1989년 캘리포니아 와인 제조업체인 로버트 몬다비 가문으

로 와인 잔을 가지고 갔다. 자신들의 와인 잔에 담긴 신념을 증명하고 싶어서였다. 처음 몬다비 본사를 방문했을 때에는 불청객 취급을 당했는데, 몬다비가 리델 와인 잔으로 시음해본 후 바로 몬다비의 시음 와인 잔을 리델 제품으로 전면 교체했다고 한다. 이를 계기로 리델은 더욱더 자신들의 브랜드에 대한 철학과 신념을 고집할 수 있게 되었다.

리델은 고객들에게 스토리를 전달함으로써 와인을 더욱더 향기롭고 맛있게 만들고 있다. 아울러 세련된 브랜드 스토리의 매력으로 제품의 기능을 넘어 소비자가 꿈꾸는 이미지를 느낄 수 있게 한다.

### 메소드, 주방세제에도 디자인이?

아름다움을 추구하는 독특한 주방세제 브랜드가 있다. 바로 메소드(Method)이다. 메소드는 2001년 미국 캘리포니아에서 룸메이트였던 아담 라우리와 에릭 라이언이 공동으로 설립한 친환경 세제 브랜드이다. 내가 미국 3M에서 근무할 때 자주 들렀던 대형 할인매장 타깃(Target)에서 그 막강한 P&G 브랜드 제품의 틈새를 뚫고 진열된 것을 보고 놀랐던 기억이 있다. 독특하고 아름다운 디자인에 매료되어 그때부터 팬이 되었다.

메소드가 이렇게 디자인에 주목하게 된 것은 고객들이 싱크대 아래에 숨길 필요가 없는 아름다운 제품을 원한다는 사실에 주목했기 때문이다. 창업 초창기 돈이 부족했던 두 청년은 무작정 세계적 디자이너 카림 라시드를 찾아가 디자인을 의뢰했다고 한다. 라시드는 세계 3대 산업디자이너로 손꼽히는 디자이너로, 휴고보스, 겐조 등 유명 향수의

병을 디자인했다. 이와 관련하여서는 라시드에게 노 개런티로 의뢰했다는 이야기도 있고, 회사의 돈을 끌어모으고 그것도 모자라 회사의 지분까지 양보하면서 협업을 시도했다는 이야기도 있다. 중요한 것은, 실제 라시드의 도움으로 디자인이 완성되었다는 사실이다. 메소드의 창업 철학이었던 친환경성과 디자인을 접목시키는 데 성공한 것이다. 이것이 고객들에게는 브랜드 스토리가 되었다. 주방세제인데 지금까지와는 다르게 제품디자인이 아름다워서 전혀 세제로 보이지 않는다는 것, 주방에 두었을 때 하나의 인테리어가 될 수 있다는 것이 고객들에게는 충분한 매력으로 느껴졌고, 이것이 메소드라는 브랜드를 제대로 이해할 수 있는 기회가 된 것이다. 특히 물방울 모양의 핸드워시는 메소드를 대표하는 디자인이라 할 수 있는데, 그 디자인을 보면 바로 메소드 브랜드를 알 수 있게 된다.

브랜드 디자인은 자연스럽게 스토리를 담게 된다. 소비자들은 긴 이야기를 듣지 않아도 한눈에 볼 수 있는 디자인을 통해서도 브랜드를 이해할 수 있는 것이다. 그 디자인에는 메소드의 브랜드 철학과 독특한 매력이 담겨 있다.

## ━━ 라 파브리카 델라 파스타, 상상초월 디자인

파스타로 유명한 이탈리아 그라냐노 지역의 명물 파스타 브랜드인 라 파브리카 델라 파스타(La Fabbrica della Pasta). 3대에 걸쳐 이탈리아 전통 파스타를 만들어오고 있다. 파스타 본연의 맛과 품질을 지키면서도 새로운 도전을 멈추지 않는 브랜드이다. 시장의 수요를 파악하고 새로운 디자인의 파스타를 만들기 위해 밤마다 아이디어 회의를 한다.

나는 라 파브리카 델라 파스타를 체험하기 위해 직접 이탈리아 그라냐노에 있는 본사를 방문하기도 했다. 유독 더운 날씨였던 그날, 버스 정류장까지만 택시를 타고 가려고 했는데, 기사의 달콤한 이탈리아어 화술에 넘어가 결국 그라냐노 마을 안까지 들어가게 되었다. 나폴리부터 택시비만 50만 원 정도 들었는데, 파스타 공장을 쉽게 찾지 못했다. 동네 사람들에게 물어물어 남의 집 마당까지 질러가며 찾아간 라 파브리카 델라 파스타. 그 로고가 쓰인 공장을 보니 반가운 마음이었다. 브랜드에 대한 그들의 철학과 신념을 들을 수 있었고, 실제로 다양한 디자인의 파스타면을 만나볼 수 있었다. CEO가 너무 반가워하며 기념 촬영은 물론이고 엄청난 양의 파스타를 선물로 주었다. 브랜드 스토리의 힘이다. 서울에서 그 먼 이탈리아 나폴리 외곽의 시골로 나를 끌어당긴 것이다.

라 파브리카 델라 파스타는 브랜드에 대한 신념을 자신들만의 독특한 파스타면 디자인으로 표현하는데, 이것이 바로 브랜드 스토리를 디자인으로 전달하는 것이기도 하다. 정말이지 단순한 파스타 공장이 아니라 파산한 파스타 공장을 새로운 디자인 혁신으로 다시 일으켜 세운 브랜드 스토리를 찾아간 것이다.

첫 번째 시도로 탄생한 파스타는 이탈리아 전통 고추 모양의 파스타 꼬르니첼로이다. 수많은 시행착오를 겪고 탄생한, 매콤한 맛과 독특한 모양의 꼬르니첼로는 2008년 유럽상표청에서 디자인 특허를 취득한 후 많은 파스타 애호가들에게 호평을 받았다. 아울러 라 파브리카 델라 파스타의 대표격인 냄비 모양의 파스타 까까벨라는 브랜드와 회사를 알리는 데 크게 이바지했다. 이처럼 파스타의 독특한 디자인을 보면 브랜드를 떠올릴 수 있게 하는 것도 브랜드 스토리가 가진 힘이라 할 수 있다.

라 파브리카 델라 파스타는 여기에 그치지 않고 새로운 디자인의 파스타를 만들어낸 후에는 꼭 그에 어울리는 요리법을 연구한다. 협업하는 레스토랑과 함께 요리법을 연구하는데, 하나의 파스타에 하나의 요리법만 고집하지 않고 다양한 요리법을 지속적으로 소개한다고 한다. 이런 요리법도 브랜드 스토리이다. 소비자들은 그 요리법으로 파스타를 입으로만 즐기는 것이 아니라 오감을 충족시킬 수 있게 된다. 특히 별 모양, 꽃 모양, 하트 모양 등 지

금까지는 상상도 하지 못했던 파스타 디자인들을 통해 소비자들은 자연스럽게 이 회사의 브랜드를 이해하고 즐기게 되는 것이다.

## 넷플릭스, 인터랙티브 콘텐츠의 의미는?

1997년 평범한 비디오 대여 사업자였던 넷플릭스(Netflix)는 이제는 동영상 스트리밍 서비스를 주력으로 하는 글로벌 온라인 동영상 서비스 브랜드가 되었다.

국내 미디어 시장에서 넷플릭스는 지속 성장을 이어가고 있다. 특히 넷플릭스를 통해 콘텐츠 시장이 흔들린다는 이야기가 나올 만큼 그 영향력이 크다. 최근에는 국내에서도 넷플릭스의 독점 콘텐츠가 만들어질 정도이다. 점점 더 많은 소비자들이 텍스트보다는 이미지, 이제는 동영상과 같은 영상물을 소비하는 것을 본다면 넷플릭스는 스토리가 중요시되는 지금 간과해서는 안 되는 브랜드일 것이다.

넷플릭스는 자신들만의 스토리를 판매함으로써 브랜드 위력을 발휘하고 있다. '넷플릭스 오리지널'로 불리는 전용 콘텐츠는 넷플릭스가 제작비를 투자하는 대신 독점으로 공개하는 콘텐츠다. 넷플릭스는 빅데이터를 활용하여 가입자 맞춤형 제작 방식을 도입하여 콘텐츠를 제작하기도 한다. 그 대표적인 예가 「하우스 오브 카드」로 이를 제작하기에 앞서 사용자들의 동영상 재생 기록, 평가, 검색 등을 분석하여 전체적인 콘셉트, 연출, 배우 등을 결정했다고 한다. 물론 그 결과는 매우 만족스러웠다. 많은 소비자들이 이 콘텐츠에 열광한 것이다.

이렇듯 넷플릭스는 독자적으로 콘텐츠를 제작할 수 있는 능력과 소비자들의 취향을 반영할 수 있는 능력을 더하여 이제는 인터랙티브한 콘텐츠를 제작한다. 영화를 보는 시청자가 스토리를 만들어가는 것이다. 바로 '블랙미러: 밴더스내치'라는 영화인데, 시청자는 영화를 보면서 주인공이 먹을 시리얼부터 버스를 타고 가는 도중에 들을 음악까지 아주 사소한 부분도 직접 선택하고 이야기를 끌어갈 수 있다. 소비자들은 자신들이 만들어간 이야기에 자연히 몰입하고 만족하게 될 것이고, 넷플릭스는 이렇게 집계된 데이터를 기반으로 맞춤형 마케팅이 가능해질 것이다. 과거의 브랜드 스토리 전략과는 상당히 다른 넷플릭스의 전략, 어쩌면 이는 변화되는 시장에서 우리가 주목해야 할 전략이 될지도 모른다.

단순히 브랜드와 관련된 이야기만을 하는 것이 브랜드 스토리라는 생각을 버려야 한다. 아울러 브랜드 스토리로 기업이 무엇을 얻게 될지에 대한 고민도 다시 해보아야 한다. 그저 소비자들의 관심과 흥미를 유발하는 것이 브랜드 스토리가 아니라 직접 브랜드에 참여하고 이야기를 함께 이끌어가는 것도 브랜드 스토리 전략이 될 수 있음을 기억해야 한다. 브랜드 스토리가 일방적으로 흘러가는 것이 아니라 인터랙티

브하게 소통되어야 하는 것이다. 아울러 이것이 비주얼적으로 표현될
수 있도록 하는 것도 중요하다.

브랜드는 고객과의 모든 접점에서 생겨나는 스토리이다.

조나 삭스 Jonah Sachs

# 07

# 혁신
## Innovation


브랜드 스토리를 혁신적으로 표현한 브랜드 스토리이다. 브랜드 개발 단계 혹은 콘셉트 단계에서 브랜드에 대한 혁신적인 부분이나 괴짜(geek) 같은 소재를 활용하여 브랜드 스토리를 전달한다. 무모해 보이는 도전 같은 스토리들이 소비자의 호기심을 자극하고 영감을 떠올리게 함으로써 매력을 느낄 수 있도록 유도하는 브랜드 스토리들이다. 특히 도전이라 여겨지는 획기적인 일들이 브랜드 스토리가 되어 소비자들이 브랜드를 받아들이는 데 있어서도 혁신적이라 여길 수 있도록 한다. 많은 기업의 브랜드들이 이렇게 혁신적인 브랜드와 매력을 느낄 수 있는 브랜드 스토리를 갖길 원하지만, 이는 브랜드 스토리를 혁신적으로 만들어 브랜드에 입혔다기보다는 브랜드 탄생에 혁신적이고 도전적이며, 획기적인 콘셉트나 아이디어가 더해졌기에 가능한 경우가 더 많다.

브랜드 스토리에도 창업주의 스토리, 제품의 제작 과정에서 나오는 스토리, 홍보를 위해 만들어낸 스토리 등이 다양하게 존재한다. 이 중에 어느 것이 더 효과적이고 소비자의 공감을 끌어내고 구매와도 연결되는지는 정답이 정해져 있지 않다. 중요한 것은 소비자들이 브랜드 스토리가 매력적으로 느낀다면 이것이 구매와 연결된다는 점이다.

> 꿈꾸기를 멈춰서는 안 돼요.
> 꿈은 식사가 우리 몸에 영양을 공급하는 것처럼
> 우리 영혼에 자양분을 공급합니다.
>
> 파울로 코엘료 Paulo Coelho

## ━ 삼성전자 텐화점, 사은품이 아니라 새로운 스토리를 팔다

삼성전자는 새롭게 스마트폰 갤럭시S10을 출시하면서 독특한 브랜드 스토리를 만들어냈다. 바로 온라인 편집숍인 텐화점이다. 삼성전자의 갤럭시 시리즈 출시 10주년에 맞추어 판매되는 갤럭시S10(텐)과 백화점의 합성어인데, 갤럭시S10을 포함하여 단 10개의 제품만 판매하는 온라인 쇼핑몰이다. 디자인 브랜드와 콜라보레이션을 통해 제작된 제품을 매달 3개씩만 보여주며 희소성을 더했다.

스마트폰을 새롭게 출시하면 그에 필요한 액세서리 개념의 제품들을 판매했던 것과는 달리 텐화점은 스마트폰과는 전혀 상관없어 보이지만 밀레니얼 세대들이 좋아하는 아이템들을 판매한다. 일종의 굿즈라 할 수 있다. 굿즈는 특정한 브랜드나 연예인들이 자신들의 이미지나 콘셉트에 맞춘 기획 상품으로, 흔히 아이돌 가수의 얼굴이 들어간 수건이나 노트 등을 예로 들 수 있다. 굿즈는 단순히 기능만 있는 것이 아니라 브랜드가 가지고 있는 스토리를 나타낼 수도 있다. 자연히 희소성을 갖게 되는 굿즈는 그 자체로도 이야기를 공유하고 싶어 하는 소비자들에게 콘텐츠가 되어주니 브랜드 스토리로서의 매력이 넘친다.

특히 삼성전자 갤럭시S10 텐화점에서 주목할 만한 것은 바로 갤럭시라면이다. 노란색 봉지에 만화로 그려진 스토리가 독특하다. 6개의 눈을 가지고 있는 스마트폰 갤럭시S10이 지문으로 요괴들에게 라면을 끓여주는데, 그 속도가 5G여서 엄청나게 빠르다. 그렇게 끓여진 라면을 요괴들은 갤럭시S10의 큰 화면을 보면서 먹고 있다. 말도 안 되는 이야기이고, 어딘가 유치해 보이는 이 스토리는 삼성전자 갤럭시의 제품 스토리도 아니고 창업주의 이야기도 아니다. 그냥 만들어진 이야기이다. 하지만 이렇게 독특한 스토리이기 때문에 오히려 사람들의 감성을 자극하고 매력을 느끼게 된다. 이 '요괴라면'은 그 맛도 일반 라면 맛과는 다르다. 이미 봉골레맛, 국물떡볶이맛 라면인 '요괴라면'을 출시했던

스타트업 옥토끼 프로젝트와 콜라보레이션하여 만들었는데, 이전에 나왔던 것과는 다른 맛의 라면을 판매한다고 한다.

이러한 브랜드 스토리는 브랜드에 대한 영감으로 만들어지는 독특하고 새로운 형태의 브랜드 스토리라 할 수 있다. 굿즈 상품을 만들어 이를 자신들만의 한정적인 온라인 공간에서 판매하고 이에 대해 자연스럽게 이야기하고 공유할 수 있도록 한 것이다.

## 브루독, 맥주에도 괴짜가?

브루독(Brewdog)은 2007년 스코틀랜드 에버딘에서 시작한 회사로, 창립 10년 만에 영국 판매 1위를 기록할 만큼 사랑을 받고 있는 맥주 브랜드이다. 마틴(Martin)과 제임스(James), 당시 24살의 청년들이 대규모 양조장에서 제조되는 라거 맥주와 에일 맥주가 고리타분하고 지루하다고 생각하여 자신들의 맥주를 만들겠다는 의지로 시작하였다.

브루독은 '괴짜 맥주', '미친 맥주'로 통하는데, 여기에는 브루독의 독특하고 혁신적인 브랜드 스토리가 한몫을 한다. 브루독은 독립적인 양조장의 이점을 살려 독특하고 개성이 있는 맥주를 적극적으로 개발한다. 아울러 바(Bar)를 열어 자신들이 만든 맥주를 소비자들에게 활발하게 소개한다. 나는 영국 런던에서 비어 소믈리에 공부를 할 때 런던 쇼디치 브릭레인에 있는 브루독 바를 직접 방문하여 맥주를 맛보고, 브랜드 스토리를 듣기도 했다. 브루독만이 가진 펑크하고 독특한, 그리고 유일무이한 스토리를 직접 내 눈으로 보고 체험하고 싶었기 때문이다.

브루독은 처음부터 자신들만의 독특하고 혁신적인 맥주를 제조하며 브랜드 스토리를 만들어왔다. 18.2도로 영국에서 가장 도수가 높은 맥주 도쿄(Tokyo)를 출시하여 주목을 받았고, 실제 동물인 담비, 토끼, 다람쥐를 박제하여 패키지로 이용한 '역사의 종말(The End of History)'이라는 맥주를 출시하기도 했다. 세계에서 가장 비싸고 강한 맥주를 만들어 '위스키처럼 마시는 맥주'라는 이야기를 소비자들에게 전달하기도했다. 이에 소비자들이 브루독에 대해 이야기하고 화제가 되자, 반대로 알코올 도수가 1%밖에 안 되는 맥주를 출시하기도 했다.

소비자들은 지금까지 한 번도 보지 못한 맥주임에도 불구하고 많은 관심을 가지고 브루독을 괴짜 맥주, 미친 맥주로 칭하며 브랜드 스토리를 전달한다. 기본적으로 브루독은 맥주 맛이 좋고, 여기에 그들의 독특한 스토리가 더해졌기 때문이다. 최근 아시아에 최초로 문을 연 서울 이태원 브루독 바에서는 '맛없는 맥주 자신 신고 기간'이라 하여 본인이 생각했을 때 가장 맛이 없다고 생각하는 맥주를 매장으로 가져오면 브루독의 PUNK IPA로 교환해주는 이벤트를 벌였다.

또한, 브루독은 독하우스(DogHouse)라는 이름으로 스코틀랜드 본사 내에 호텔을 준비하

고 있다. 샤워하면서 마실 수 있는 맥주가 가득 준비되어 있고, 욕조에
는 맥주가 가득 차 있으며, 식사에는 맥주가 제공되는 호텔. 맥주 애호
가라면 누구나 한 번쯤은 꿈꿔봤을 법한 모습의 호텔이다. 브루독은 이
를 실제로 구현하기 위해 준비하고 있는 것이다.

　이러한 브루독의 독특한 행보는 브랜드 스토리가 되어 소비자들에
게 각인된다. 아울러 이렇게 만들어진 브랜드 스토리는 그저 한 번으로
그치는 것이 아니라 계속 새로운 내용으로 변화하게 된다. 중요한 것
은, 괴짜 맥주, 미친 맥주가 보여주는 독특한 일들이란 점이다. 이렇게
브랜드 스토리는 소비자들에게 자연스럽게 인식되게 된다.

## ━ 프라이탁, 세상에 하나밖에 없는 제품

　마커스 프라이탁(Markus Freitag)과 다니엘 프라이탁(Daniel Freitag) 형
제가 공동 작업으로 1993년 처음으로 선보인, 트럭 방수포를 재활용하
여 업사이클링한 가방 제조사 프라이탁. 소비자들에게 감성쓰레기라는
별명으로 불리며 큰 인기를 끌고 있다. 이는 프라이탁이 단순히 업사이
클링 제품을 선보인 것만이 아니라 그 디자인에서도 고객의 감성을 자
극했기 때문이다. 재활용 제품은 이미 시장에 나와 있었다. 그러나 프
라이탁은 그저 재활용이라고만 하기에는 설명이 부족하다. 환경보호나
기업의 사회적 책임 때문에 재활용을 시작한 것이 아니기 때문이다. 오
히려 이들은 가방을 만들 때 혁신적인 방법으로 업사이클링을 선택했
다고 할 수 있다. 그들이 하나밖에 없는 디자인의 가방이라고 이야기하
는 것도 이 때문이다.

프라이탁은 스위스 취리히에서 시작되었다. 취리히는 비가 굉장히 자주 내리는 곳이다. 그곳 사람들은 자전거로 출퇴근을 하는데, 프라이탁 형제도 마찬가지로 자전거로 출퇴근을 하곤 했다. 그런데 비가 오는 날이면 가방이 젖기 일쑤여서 자전거를 타면서도 들고 다니기 편한 디자인과 비에 젖지 않는 재질로 된 가방에 대한 고민을 시작했다.

그러던 중 우체부가 들고 다니는 메신저백의 형태를 떠올리고 고속도로를 달리는 트럭을 보면서 가방의 재질을 무엇으로 할지 아이디어를 얻었다고 한다. 트럭의 방수포처럼 튼튼한 방수포를 사용한다면 어떨까 하는 생각에 이르게 된 것이다. 트럭의 방수천은 대략 5~10년 정도 사용되며, 교체 시기가 되면 쓰던 방수천은 그대로 버려지게 된다. 헤진 곳이 없고 튼튼함에도 불구하고 그대로 쓰레기가 되는 것이다. 프라이탁은 이러한 방수천을 재활용하는 아이디어를 생각해내고 시제품을 제작했다. 프라이탁은 방수천에 대한 나름의 기준을 가지고 있다. 5년 이상 쓰였던 것이어야 하고, 디자인적으로도 패턴이나 무늬가 있어야 한다. 그렇게 만들어진 시제품을 가까운 지인들에게 보여주며 가볍게 시장조사를 하게 된다. 트럭 방수천을 재활용한 것이기에 더러워 보였지만 설명을 듣고 나서는 멋지다는 반응이 나왔다. 실제 가방을 판매한다면 흔쾌히 구매하겠다는 답변도 들었다. 중요한 것은, 트럭 방수천을 재활용했다는 점이 고객의 관심을 끌게 되겠다는 생각이었다. 어딘지 모르게 무모해 보이기도 하는 획기적인 아이디어가 지금의 프라이탁을 만든 것이다. 반응은 뜨거웠다.

환경에 대한 관심이 높아지던 때이기도 했기에 환경을 보호하면서도 개성을 나타낼 수 있는 프라이탁은 그 자체로 이야깃거리를 만들어주게 된 것이다. 즉, 프라이탁은 처음부터 자신들 나름의 기준을 세워 스스로를 친환경 제품이라 이야기하기보다는 주변에서 이와 관련된 수식어를 붙여주었다 할 수 있다.

특히 프라이탁은 같은 가방이 두 개일 수 없다. 한 천막으로 여러 개의 가방을 만들더라도 방수포에 프린트되어 있던 디자인에 따라 각각의 가방은 개성을 띠고 희소성을 갖게 되는 것이다. 여기에 100% 수작업으로 제작되며, 재료의 희소성 때문에 연간 생산되는 수량도 적어 더욱 희소성을 갖게 된다. 이것이 프라이탁을 더욱더 매력적으로 느끼게 해준다고 할 수 있다.

## 모노클, 잡지의 표준을 벗어난 무모한 시도

인터넷과 모바일로 인해 종이 인쇄물에 대한 우려와 고민이 많아지는 시대에 굳건하게 브랜드를 유지하고 있는 모노클(Monocle) 잡지. 이들의 성공에는 모노클의 편집장이자 창업자인 타일러 브륄레(Tyler Brûlé)의 혁신적인 브랜드 스토리가 한몫을 한다.

모노클의 시작은 공항에서 잡지를 들고 있는 사람들의 모습을 보고 있던 브륄레의 혁신적 아이디어에서 시작된다. 공항에서 마주친 손에 잡지를 들고 있는 사람들, 그들을 두 부류로 나눌 수 있었다. 경제 잡지인 이코노미스트와 패션·문화 잡지인 GQ를 들고 있는 사람들로 말이다. 그렇다면 이 두 가지를 하나에 담는다면 더 많은 사람들이 좋아하지 않을까 하는 생각을 하게 된 것이다. 이는 매우 위험하면서도 획기적인 생각이었다. 잡지라는 것은 주제를 명확하게 하여 독자 타깃을 구분하고 있는데, 두 가지를 섞는다면 오히려 명확한 주제나 타깃을 잃을 수 있기 때문이다.

이에 모노클은 자신들의 잡지를 읽는 타깃도 다르게 정의했다. 나이나 성별, 관심 분야의 주제로 타깃을 정하던 것과 달랐다. '평균 연봉 3억 이상의, 1년에 해외 출장을 10번 이상 가며 MBA를 졸업하고 도시에 거주하는 금융, 정부기관, 디자인, 관광 산업의 CEO'를 타깃으로 정한 것이다. 구체적으로 나열된 타깃에 대한 설명은 하나의 브랜드 스토리가 된다. 이것이 잡지를 읽을 수 있는 자격 요건은 아니기에 잡지 구독자들은 모노클을 읽으면 이런 이미지를 얻게 되니 좋았다.

모노클은 일반적으로 잡지들이 1권을 구매하는 것보다 정기구독을 했을 때 할인이 되는 것과는 정반대의 전략을 구사했다. 모노클 1권의 가격은 7파운드(약 13,000원)인데, 1년 정기구독료는 100파운드(약 180,000원)이다. 1권씩 12달 치를 사는 것보다 더 비싸다. 모노클은 1년 정기구독에 대해 할인을 해주는 대신 정기구독자들만이 열람할 수 있는 웹사이트를 운영하고, 구독 기간에 따른 선물을 제공하며, 모노클이 주최하는 비즈니스 클럽과 정기적인 이벤트에 초대한다. 잡지를 정기구독하면 더 많은 양질의 정보를 얻을 수 있다는 이점을 내세워 새로운 가치를 전달하는 것이다. 이는 결과적으로 성공적이었다.

소비자들은 기존 잡지와는 반대되는 모노클의 전략을 이해했다. 모노클이 전달하는 브랜드 스토리를 납득하고 인정한 것이라 할 수 있다. 이밖에도 모노클은 '모노클 24 라디오'를 운영하며 읽는 것뿐 아니라 귀로들을 수 있는 콘텐츠도 제공하고 있다. 아울러 런던, 뉴욕, 토론토, 도쿄, 홍콩, 싱가포르 등에 '모노클숍'과 '모노클카페'를 운영하고 있다. 모노클을 홍보하고 독자들과 의견을 공유하며 소통할 수 있는 공간이다. 모노클이라는 잡지의 다양한 콘텐츠를 직접 경험할 수 있도록 해주는 공간이라 볼 수 있다. 나 또한 모노클숍을 찾아서 런던 뒷골목을 헤맨 기억이 있다.

## 아틀란티스 책방, 세상에서 가장 아름다운 서점

세상에서 가장 아름다운 그리스의 섬 산토리니에 있다는 것만으로 너무나 설레는 일이었다. 이곳저곳 어느 곳을 둘러봐도 광고 속 한 장면처럼 멋진 블루돔, 이아(Oia)에서 보는 아름다운 석양 등 모든 것이 여행자의 가슴을 뛰게 만드는 곳이다. 산토리니는 책을 사랑하거나 수집하는 사람들에게도 가슴을 뛰게 하는 곳이다. 세상에서 가장 아름다운 책방인 아틀란티스 북스(Atlantis Books)가 있기 때문이다.

아틀란티스 북스는 두 청년의 무모한 도전 스토리로 시작되었다. 2002년 산토리니에 여행을 온 올리버(Oliver)와 크레이그(Craig)라는 두 영국 청년이 즉흥적으로 열게 된 책방이다. 1주일을 산토리니에 머물면서 책방이 없다는 것에 아쉬움을 느꼈던 그들은 직접 책방을 열어야겠다고 생각하고 실행에 옮긴 것이다. 2004년에는 친구 3명을 더 불러들였고, 2005년에는 현재의 자리로 확장 이전하여 지금까지 책방을 운영해오고 있다. 산토리니섬으로 여행 온 작가 지망생들이 가져온 책을 기부하기도 하고, 책장을 직접 만들기도 하며 책방은 조금씩 자리를 잡아왔다.

산토리니 원주민이 만든 책방이 아니라 영국에서 온 여행자들이 만든 책방. 말 그대로 여행자들을 위한, 여행자들의 책방인 것이다. 그래서 이 책방의 콘셉트는 아마추어 책방(Amateur Booksellers)이며 아마추어(Amateur)를 영어로 '단지 즐거움이나 열정을 추구하는 사람(A person

who engages in a pursuit solely for the sake of pleasure or passion)'으로 정의 내리고 있다. 그래서인지 아틀란티스 책방은 화려함보다는 책방 주인들의 숨결과 감정이 담긴, 살아 있는 공간처럼 느껴진다.

나는 산토리니 여행 중 두 번이나 이 책방에 들러 『어린왕자』를 포함하여 다섯 권의 책을 사기도 했고, 또 다른 날에는 책방 구석구석을 돌아보며 시간을 보내기도 했다. 그곳에는 『어린왕자』 프랑스어 초판이 있다. 가격은 무려 4백만 원이 넘는다. 전 세계 어느 서점이나 중고 책방에 가도 생텍쥐페리의 『어린왕자』는 꼭 수십 부씩 보유하고 있다. 가장 큰 이유는 컬렉션용으로 책을 보유하고 있기 때문이다. 책을 읽기 위해서라기보다는 수집하기 위해 『어린왕자』 책을 전 세계에서 수집하고 있는 수많은 팬들이 있기 때문이다. 앙투안 드 생텍쥐페리가 시작한 스토리를 이제는 독자들과 팬들이 이어간다. 나 또한 2019년 유럽 여행 중에 20권이 넘는 『어린왕자』 책을 구매하였다. 같은 책을 여러 권 수집한 것이 아니라 그리스어, 터키어, 오스만어, 이탈리아어, 로마네스크어, 불어, 영어로 되어 있는 책들이다. 이뿐 아니라 아틀란티스 책방에 있는 엽서 중에는 한 장에 25만 원가량이나 하는 것도 있다. 모두 수집하는 손님들을 위한 상품으로, 일반적으로 여행을 가서 초판을 구입하거나 비싼 엽서를 산다는 것이 쉽지는 않다. 그러나 이러한 스토리들이 그 속에 담겨 있다. 그 공간이 브랜드 스토리가 되는 것이다.

## ━ 테이크 호텔, 최초의 신개념 '미디어 놀이터'

세상에는 수많은 호텔 브랜드가 있다. 우리는 호텔을 선택할 때 이전의 브랜드 경험을 바탕으로 하거나 다른 이의 브랜드 경험 스토리를 참고한다. 특히 낯선 여행지에서 호텔을 선택할 때는 브랜드의 힘이 더 강하게 작용한다. 하지만 코로나19로 인해 많은 것이 달라지고 여행조차 쉽지 않게 되면서 호텔은 더 이상 예전의 호텔이 아니게 되었다. 단순히 하루를 머물거나 쉬기 위해서 가는 것이 아니라 꼭 놀러 가야 하는 특별함이 담긴 목적지(destination)가 되어야 한다.

국내 여러 호텔들이 호텔 음식을 집에서 즐길 수 있는 도시락을 판매하거나 원격근무자를 위한 패키지 상품을 출시하는 등 새로운 서비스를 제공하고 있다. 호텔에서 하룻밤 숙박을 하는 것이 곧 여행이 되거나 휴식이 될 수 있게 하는 다양한 서비스도 나왔다.

이런 가운데 세상 가장 힙(hip)한 놀이터를 꿈꾸는 호텔이 있다. 바로 '테이크 호텔'이다. 테이크 호텔은 태영건설에서 1조 2천억 원을 투자하여 개발한 신개념 미디어 호텔이다. 'Take a rest, Take a breath, Take away, Take a trip, Take a video, Take a photo, Take a youtube video'의 다양한 콘셉트를 담고 있다. 호텔의 이름을 테이크(Take)로 한 것도 영화에서 '카메라를 중단하지 않고 한 번에 촬영한 장면'을 의미하는 테이크에서 따온 것으로, 미디어에 집중한 호텔이라는 점을 부각시키고 있다. 테이크 호텔은 머물면서(Stay) 함께 어울려 놀고(Play) 서로 연결(Link)되는 커뮤니티를 지향하는, '국내 최초 미디어 호텔'의 개념을 제시하고 있다.

디지털 미디어 시대에 많은 사람들이 디지털 감수성(digital sensitivity)에 목마른 이 순간, 테이크 호텔은 숙박과 식사 등의 서비스는 물론이고 '미디어 놀이터'라는 새로운 문화공간의 역할을 이야기한다. 단순히 잠을 자고 휴식을 취하는 공간이었던 호텔을 새로운 패러다임의 놀이터로 만들어놓은 것이다.

꿈꾸고 상상해왔던 모든 것을 마음대로 편집하고 만들어낼 수 있다는 콘셉트는 MZ세대들이 충분히 공감하고 열광할 만한 요소이다. 취업 준비도 유튜브로 하고, 쇼핑을 하면서도 자신의 인스타그램에 올릴 사진을 찍는 MZ세대는 소셜미디어를 통해 감각적인 사진과 글로 자신의 일상을 기록하고 공유하며 다양한 콘텐츠를 소비하는 소비자이면서 동시에 콘텐츠 크리에이터인 것이다. 테이크 호텔은 이런 콘텐츠 크리에이터들의 놀이터로 유튜버라면 누구나 한번쯤 상상해봤을 법한 꿈의 공간을 현실에 옮겨놓았다. MZ세대의 취향을 저격한 것이다.

각 호텔 객실이 다양한 콘셉트의 촬영 장소로 꾸며질 예정으로, 누구나 자신이 원하는 콘셉트의 객실을 선택하여 영상을 촬영할 수 있다. 일반적으로 호텔 객실은 프라이빗함과 럭셔리를 추구하기 마련이다. 하지만 테이크 호텔은 좀 더 많은 사람이 한 객실에 모일 수 있고 촬영 등에 적합하도록 커뮤널 룸(communal room), 즉 스튜디오 객실과 거실, 업무 공간을 공유할 수 있는 공용 공간을 마련했다. 여기에 그치지 않고 '미디어 전문가'로 구성될 호텔 매니저들이 편집, 방송 등에 대한 맞춤형 서비스를 제공할 예정이다.

또한 테이크 호텔은 미디어와 여행, 호텔의 조화를 통해 테이크 호텔에서만 경험할 수 있는 독특함과 특별함을 가지고 있어 브랜드 차별화에 있어서도 매우 뛰어나다. 호텔로 새로운 문화여행을 떠날 수 있다는

메시지에 맞추어 콘텐츠 크리에이터가 마음껏 이용할 수 있는 다양한 미디어 시설과 스튜디오를 구비할 예정이라고 하니 더욱 특별한 경험을 할 수 있으리라 기대된다.

2021년 하반기 준공 예정인 테이크 호텔은 소비자들이 직접 미디어 놀이터로 활용하고 여기에서 만들어진 다양한 콘텐츠들이 등장하게 된다면 더 많은 브랜드 스토리가 쌓이게 될 것이다. 그리고 이러한 브랜드 스토리는 테이크 호텔 브랜드가 더 큰 힘을 가질 수 있게 해줄 것이다. 내가 클럽하우스(Clubhouse)에서 운영하고 있는 평생공부방(현재 회원 5000명이 넘는 인기 있는 클럽)의 첫 오프라인 모임도 테이크 호텔에서 하고 싶은 바람이 있다. 테이크 호텔이 클럽하우스를 통해 인연이 닿아 연결된 것이니 코로나19가 끝나 많은 사람들이 함께 모일 수 있는 날이 와서 미디어 놀이터인 테이크 호텔에서 다채로운 경험을 할 수 있기를 바란다.

# 3부

# 최후의 승자는

# 누구인가

브랜드 전략의 핵심

들어가는 글

# 브랜딩은 하루아침에 완성되지 않는다

3M의 계열사인 이메이션 사장 시절 '마케팅 잘하는 사람 잘하는 회사'란 책을 낸 적이 있다. 2만 권이 넘게 팔릴 정도로 인기가 있었다. 여러 기업이나 단체에서 강의 초청도 많이 받았다.

브랜딩과 마케팅은 일란성 샴쌍둥이다. 분리가 가능하다. 브랜딩 잘하는 사람이 있어야 마케팅 잘하는 회사가 될 수 있다. 여러 방법이나 아이디어가 있지만, 스토리가 가장 빠른 지름길이라고 생각된다. 브랜드 스토리는 브랜딩의 가장 핵심적인 영역이며 브랜드의 여정이다.

브랜딩은 조직의 습관이라 할 수 있다. 달리 말하면 브랜딩은 습관이 되어야 한다. 습관이라는 것은 여러 번 오래 반복되어야 한다. 매일 하는 것이 습관의 본질이다. 어떤 일이든 매일 하는 사람이 이기게 되어 있다. 반복하고 매일 하게 되니 조금씩이라도 발전이 일어나기 때문이

217

다. 브랜딩에서도 그렇다. 대부분의 기업들이 거창하게 브랜드 전략을 세우거나 브랜드 스토리를 준비한다. 그런데 거기서 끝이다. 자신들이 보기에 좋은 브랜드 스토리라면 소비자들도 좋아하리라 생각하고 가만히 놔두어도 누구나 관심을 보이고 열광하며 좋아해주리라 생각하는 것이다. 그러나 그렇지 않다. 특히 자기 브랜드를 자랑하려고 줄줄이 늘어놓는 내용에는 관심도 없고 흥미도 없다. 흔히 이야기하는 잔소리로 들린다. 한 귀로 듣고 다른 한 귀로 흘려보내는 것이다. 하물며 한 번 들려준 브랜드 스토리에 귀 기울이고 마음에, 머리에 간직하고 기억해둘 사람이 얼마나 되겠는가. 아울러 브랜딩을 위해서는 장기적인 브랜드 구축과 단기 판매 목표 사이에서 하루하루 전쟁과도 같은 시간을 보내게 된다. 브랜드 스토리는 이 둘 사이에서 유연성을 가지게 한다.

아무리 성공적인 광고 캠페인이나 브랜드 캠페인도 브랜드 스토리로 계속해서 이어지지 못하면 장기적으로는 실패한 캠페인이 된다. 기업이 하는 모든 브랜드 마케팅 활동이 얼마만큼 브랜드 스토리로 이어지느냐가 성공의 척도가 되는 것이다.

브랜딩은 조직의 습관이라 할 수 있다. 매일 하는 것이 습관의 본질이다

#습관 #연결

# 브랜딩은
# 강요가 아니라 식별이다

브랜드 스토리는 창업자(founder) 이 야기, 제품 개발, 디자인, 브랜드 아이덴티티 등에서 나온다. 새로운 이야기를 만들어내는 창작보다는 브랜드가 가지고 있는 요소들 속에서 콘텐츠를 찾아 브랜드 스토리로 탄생시키는 것이다.

특히 주로 창업자 이야기가 브랜드 스토리가 되어 소비자들에게 전달되는 경우가 흔하다. 성공한 브랜드 중에 흥미로운 창업자의 이야기가 많기 때문에 이것이 소비자들이 좋아하는 이야기라 생각하는 것이다. 신생 브랜드나 스타트업 브랜드들에게는 창업자의 스토리가 브랜드 스토리로 이어져도 좋다. 하지만 이는 브랜드가 새롭게 론칭되는 순간에는 흥미롭고 관심을 끌지 모르지만, 브랜드 스토리가 지속성을 가지기에는 부족하다. 브랜드는 성장하고 변화하고 있는데, 브랜드 스토리는 여전히 창업자의 시선에 머물러 있다면 브랜드는 올드(old)해지는 것이다. 또한, 자주 반복되면 곧 식상해지기 마련이어서 소비자들은 따분하게 생각한다.

브랜딩이란 소비자들에게 브랜드를 각인시키기 위해 강요하는 것이 아니다. 소비자들이 다른 브랜드들 속에서 자연스럽게 자신의 브랜드를 식별하고 선택할 수 있도록 하는 것이 바로 브랜딩이고, 이를 위해 필요한 것이 바로 브랜드 스토리인 것이다. 같은 카테고리 내에서 비슷해 보이는 브랜드 속에서 딱 그 브랜드여야만 하는 이유를 만들어주는 것이 브랜드 스토리가 되어야 한다.

사람들은 프레임이라는 관점 안에서 생각하고, 움직이고, 살아간다. 그리고 이러한 프레임은 브랜드 스토리가 만들어낸다. 브랜드 스토리가 사람들에게 만들어준 프레임은 감성과 느낌(feeling)을 낳는다. 이러한 느낌은 사람들의 마음속에서 고정된 생각인 선입견으로 작용하게 되는 것이다. 특히 내가 브랜드 소비자일 때와 내가 브랜드를 만지는 사람일 때 전혀 달라진다. 내 브랜드를 내가 소비자일 때의 입장과 관점에서 만지고 다루면 더 잘될 수 있다. 이성보다는 감정이고, 감성이다. 브랜드는 공감이요, 연민이다.

소비자들이 자연스럽게 다른 브랜드들 속에서 자신의 브랜드를 식별하고 선택할 수 있도록 하는 것이 바로 브랜딩이다.

#식별 #감성 #공감

# 브랜딩 전략의 핵심은
# 브랜드 스토리이다

까르띠에(Cartier) 매장에 가서 어느 고객도 반지와 목걸이에 금 함량이 10k, 14k, 18k인지 묻지도 따지지도 않는다. 마음에 드는 디자인만 고르면 되는 것이다. 하지만 똑같은 소비자가 동대문시장에 가서 금반지나 목걸이를 살 때는 재료의 성분을 철저히 따지고 오로지 재룟값 기준으로만 값을 지불하려 한다. 바로 이 차이가 브랜드 갭(brand gap)이다. 엄청난 차이가 난다. 브랜드의 차이는 돈이고, 인식이고, 이미지고, 직관이며, 느낌이다. 말이 필요 없게 만들어 주는 것이다. 하루아침에 멋지고 쿨한 브랜드가 생겨나는 것은 아닐 것이다.

직설적이고 직접적인 방법을 선호하는 문화의 영향으로 우리는 급하고 빠르다. 오래 걸리는 것을 태생적으로 싫어하는 것이다. 하지만 이는 브랜딩에서는 독이고, 적이다. 브랜딩은 숙성이 필요하다. 처음에는 느린 것 같지만 일단 자리를 잡으면 오래간다. 브랜딩은 직유이기보다는 은유이다. 스토리는 은유이고 간접적이다. 브랜딩에 스토리가 필요한 것도 이와 연관이 있다. 스토리는 직접적으로 설명하기도 하지만, 간접적이고 은유적으로 다양하게 표현할 수 있다.

브랜드 마케팅의 영원한 금과옥조는 객관적 사실이 아니라 직관적 느낌이다.

#은유 #메타포

스토리노믹스(Storynomics: Story+Economics: 스토리 경제학)에서는 특히 브랜드 스토리가 인기가 있을 때 어느 유명한 영화 시나리오 작가가 섭외 대상이었다. 스토리노믹스는 스토리가 중심이 되어 스토리 산업과 스토리 시장이 크게 발전되는 경제이다. 이러한 스토리노믹스에서 작가가 가장 중요한 역할을 하는 것은 당연하겠다. 그런데 스토리노믹스에서 작가는 우리가 알고 있는 창작에 종사하는 작가와는 다르다. 기업의 브랜드 스토리를 대신 써주는 직업이다. 그 당시 스토리 작가가 받는 비용만 1억 원에 달한다는 소문도 있었다. 많은 사람들이 스토리 작가가 되길 원했고, 실제 다양한 스토리 작가들을 위한 수업 커리큘럼이 등장했다. 그러나 곧 얼마 되지 않아 이것이 브랜드 스토리에 대한 잘못된 생각을 바탕으로 시작된 큰 오해이고 착각임이 밝혀졌다.

브랜드 마케팅의 영원한 금과옥조는 브랜드 마케팅은 사실보다는 직관적 느낌이 중요하다는 것이다. 이때도 중요한 것은 브랜드 스토리이다. 스토리라는 것은 사람이 바탕이 된다. 문화의 가장 기본적인 바탕이 바로 사람이기 때문이다. 미국의 스토리 전문가인 로버트 매키 (Robert McKee)는 스토리를 데이터와 비교한다. 데이터는 '일어난 일 (what happened)'을 의미하며, '스토리는 어떻게 왜 일어났는지(how & why it happened)' 배경을 설명하는 것이다. 오늘날 브랜드 마케팅에서의 문제는 대다수 브랜드 마케팅, 광고, 홍보 활동이 점점 비슷해져가고 있다는 점이다. 소비자들은 점점 더 무관심해질 수밖에 없다. 이러한 상황에서 차별화는 갈수록 무의미해져 가고 있다.

그렇다면 기업은 무엇을 할 수 있을까. 진정한 브랜딩은 전략이 아닌 스토리이다. 애플도 변신을 선언했다. 스트리밍 서비스인 애플 TV가 바로 그것이다. 애플은 더 이상 휴대폰 제조 회사가 아니라 드라마, 뉴스, 게임, 카드까지 그야말로 스토리 왕국이 되기 위해 노력하고 있다. 콘텐츠에 주목하던 이전의 애플에서 더 나아가 이제는 스토리에 주목하고 있는 것이다. 애플의 경쟁자는 이제 전통적 스토리 왕국이라 할 수 있는 디즈니와 새롭게 급부상하고 있는 넷플릭스이다. 그 틈새를 뚫고 애플은 스토리의 대표 브랜드가 되기 위한 험난한 길을 가야 한다. 이렇게 전 세계가 스토리에 주목하고 있다.

스토리가 쌓이고 쌓였을 때 진정한 브랜드가 되고 소비자들이 죽도록 사랑해줄 스토리팬덤이 만들어진다.

#스토리큐레이션

그렇다면 우리는 어떨까. 동양과 서양의 차이는 극명하다. 기업과 집단을 앞세우는 우리의 문화에 반해 개인주의를 더 앞세우는 유럽과 미국 기업은 개별 브랜드에 초점을 맞춘다. 그러다 보니 우리 기업들의 브랜드 성공률은 떨어진다. 물론 현재는 변화 중에 있지만, 우리의 경제 규모에 비해 브랜드력은 떨어진다. 라이프스타일 브랜드의 위상은 초라하다. 과연 진정한 글로벌 브랜드가 있기는 있는지 의문이 갈 정도이다.

우리는 스토리가 갑작스럽게 하늘에서 뚝 떨어지기만을 기다리거나 인위적으로 만들어내려고만 혈안이 되어 있다. 그러나 브랜드 스토리란 인위적으로 만든다고 만들어지는 것도 아니다. 브랜드 주위에 널려 있는 스토리를 찾아내어 이를 다듬고 큐레이션하는 작업이 필요하다. 무조건 크거나 영웅적인 스토리만이 소비자들에게 선택받고 사랑받는다는 생각을 버려야 한다. 오히려 스토리가 쌓이고 쌓였을 때 진정한 브랜드가 되고, 소비자들이 죽도록 사랑해줄 스토리 팬덤이 만들어지게 된다.

# 브랜드 스토리는
# 4연으로 만들어진다

언어를 지배하는 자가 세상을 지배한다는 것이 내 평소의 생각이다. 브랜드 세상에서도 마찬가지이다. 언어를 지배하는 브랜드는 시장을 지배한다. 콘셉트, 카피, 슬로건(태그 라인), 브랜드 스토리 등이 모두 언어이다. 브랜드 경쟁은 결국 언어의 싸움이다.

아울러 청중들은 단순하게 멋진 브랜드 스토리를 듣는 것보다 직접 체험하면서 느끼고 즐기고 싶어 한다. 이때 필요한 것이 브랜드 스토리를 위한 4연이다. 4연은 인연, 우연, 필연, 사연으로, 이 4가지 연이 모였을 때 브랜드 스토리가 만들어진다고 할 수 있다. 이렇게 4연을 연결하고 연속성을 갖출 때 브랜드 스토리는 성공한다. 사람들과 함께하지 못하고 회자되지 않는 것은 스토리라 할 수 없다. 어느 시인의 말처럼 꽃이라고 불러야 진정한 꽃이 될 수 있듯이 브랜드 스토리도 이야기가 되고 전파가 되었을 때 진정한 스토리라 할 수 있다.

내가 좋아하는 류시화 시인은 나의 영적인 스승이며 정신적 멘토이다. 그의 책은 거의 다 읽었다. 평소 책을 읽고선 좋았던 작가들의 경우는 신간이 나오기도 전에 온라인 서점에 예약을 걸어두는 편인데, 류시화 시인의 책도 이렇게 예약을 해둘 정도이다. 그의 책을 읽다 보면 재미있는 점을 발견하게 된다. 그의 책은 온통 스토리로 넘쳐난다는 것이다. 살아 있는 이야기들이어서 책을 읽는 시간이 즐겁고 재미있다. 책을 읽으면서 무엇보다 중요한 것은 즐겁고 재미있어야 한다고 생각한다. 정보와 지식을 얻는 것도 중요하겠지만 재미와 흥미가 없다면 스토리로서의 힘은 없다고 본다. 그런데 류시화 시인의 책은 언제나 재미가 있다. 무슨 사연이 그렇게도 많은지, 구구절절 온통 주위 사람의 이야기다. 특히 그 주변 사람들의 이야기는 자신이 직접 만난 사람들, 겪어본 실제 이야기들이다. 참으로 인연도 많은 사람이다. 류시화 씨는 시인이지만 오히려 스토리텔러라는 표현이 더 잘 어울리는 사람이라 할 수 있다. 또한, 그의 책은 스토링(Storying)이다. 우리가 하는 실수 중 하나는 이야기로 풀어나간다고, 혹은 이야기일 뿐이라고 얕보는 것이다. 재미와 흥미가 있는 잔잔한 사건들의 연속뿐이라 생각하지만, 실제는 그 속에 잠겨 있는 내용들이 우리의 영혼을 어루만져주고 가슴을 뛰게 한다. 이것이 바로 스토리, 이야기의 위력이다!

우리가 류시화 시인의 이야기를 들으며 가슴이 뛰는 것은 그 속에는 4연이 존재하기 때문이다. 사람들과 만나는 인연이 있고, 그들의 사연이 담겨 있다. 그리고 이러한 인연들은 우연한 기회에 이루어진다. 물론 그 인연 속의 사연들은 우리의 인생에 있어 필연적으로 겪어야 했던 일들이기도 하다. 브랜드 스토리도 이처럼 4연이 함께 담겨 있어야 진정한 스토링이 되어 소비자들에게 감동을 주고 오랫동안 남을 수 있다.

나에게도 4연이 있는 브랜드 스토리가 있다. 지금 내가 사용하고 있는 아이디어 닥터(Idea Doctor)라는 브랜드는 2009년 우연한 기회로 만들어졌다. 당시 새롭게 브랜드 마케팅에 대한 기업 컨설팅과 개인 브랜드 코칭 등 내가 하고 있는 일을 재정의하여 그 영역을 어떻게 창조적으로 표현할까 많은 고민을 하고 있었다. 어디를 가든 언제나 머릿속에는 그 생각이 있었고, 그러던 중 우연히 잡지에서 '시나리오 닥터'라는 직업을 보고 '아이디어 닥터'를 떠올리게 된 것이다. 처음에는 대부분의 사람들이 어색하다고 느꼈지만, 지금은 너무도 자연스러운 나의 퍼스널브랜드이다. 2014년에는 한국소비자포럼에서 진행하는 '올해의 브랜드대상' 퍼스널브랜드부문에서 수상을 하기도 했다. 그 이후 나는 #강연여행가, 트렌드몬스터, 언어코치 #공부컨설턴트 등 서브브랜드를 이어 만들기도 했다. 뿐만 아니라 내가 하고 있는 강의에도 브랜드가 있는데, 바로 '지피지기('지식이 피어오르는

> 대중은 브랜드 스토리를
> 직접 체험함으로써
> 느끼고 즐기고 싶어 한다.
> 이때 필요한 것이 4연이다.
>
> #인연 #우연 #필연 #사연

지혜로운 이야기'의 줄임말)'이다. 이는 인연으로 만들어진 브랜드이다. 아무리 혼자서 생각을 해봐도 딱히 좋은 아이디어가 떠오르지 않았는데, 어느 날 비서가 전해준 아이디어를 듣고서는 만족스러워 사용하게 된 것이다. 그 비서는 나와 10여 년이라는 시간을 함께해온 인연으로 내가 하고 있는 일에 대해서 누구보다 잘 알고 있으니 자연스럽게 그 아이디어가 마음에 들었던 것이다. 이런 브랜드 스토리들은 새롭게 사람들을 만나 나를 소개하거나 강의를 시작할 때 이야기하게 되는데, 나와 연결되어 있고 4연이 담겨 있기에 관심을 가지게 되고, 공감하게 된다.

항상 봐왔던 캐릭터가 등장하고 예상 가능한 방향으로 이어지는 이야기에 관심을 가지기는 어렵다. 식상할뿐더러 새롭지도 않다. 최고의 스토리(best story)보다는 나만의 스토리(only story)를 만들어야 성공한다. 유일하고 하나밖에 없는 나만의 스토리가 최고의 스토리보다 더 큰 힘을 발휘한다. Only is better than the best. 아울러 브랜드 스토리는 여느 이야기와는 다르게 소비자들에게 오랫동안 기억되고, 다른 사람들에게 전달하고 이야기해주고 싶은 마음이 생기는 것이어야 한다. 그러기 위해서는 기존의 스토리를 구성

최고의 스토리보다는
나만의 스토리를 만들어야
성공한다.
Only is better
than the best.

#유일무이 #차별성

하는 방식으로 이야기를 만들어서는 안 된다. 브랜드 스토리만을 위한 방법이 존재하는 것이다. 이를 위해 필요한 것이 4연이라는 것을 잊지 말아야 한다.

# 브랜드 문화로
# 진화시켜라

          팬덤이 있어야 진정한 브랜드가 된다. 팬덤이 브랜드 컬트를 만들어간다. 다수의 일반적 소비자보다도 소수의 열렬하고도 뜨거운 관심을 보이는 소비자가 브랜드의 팬덤을 만들어간다.

브랜딩은 결국 메시지다. 청중인 소비자에게 어떤 메시지를 던지고 무엇을 말하려 하는가에 대해 고민해야 한다. 이때 단순히 기능적인 표현은 메아리치지 못한다. 그냥 브랜드의 입가에서만 맴돌 뿐이다. 하지만 스토리로 풀어낸다면 소비자들은 귀 기울이고 퍼 나르려 할 것이다. 스토리는 전염병을 먹고 산다고 할 수 있다. 이곳저곳 막 날아다닌다. 자기를 사랑해주는 사람이 있으면 쉽게 정착하고 싶어 한다. 이렇게 팬덤이 만들어지는 것이다.

컬트브랜드는 스토리로 시작된다. 그것도 크거나 영웅적인 것이 아니라 작은 스토리에서 시작된다. 컬트브랜드란 소비자들이 브랜드에 대해 충성하고 사랑을 주는 것을 넘어 종교처럼 여기게 되는 것이다. 많은 기업의 브랜드들이 이렇게 되기를 바란다. 다른 브랜드로 이탈하지 않고 자신들의 브랜드를 끊임없이 따르며 이해해주기를 바라는 것이다. 이를 위해 필요한 것이 바로 브랜드 스토리이다. 소비자들이 브랜드를 이해하고 감성적으로 받아들이기 위해서는 브랜드 스토리가 필요한 것이다.

세상의 그 어떤 위대한 브랜드도 처음부터 거대하고 영웅적인 브랜드에서 시작된 것은 아니다. 작은 이야기라 할지라도 그것이 지속되고 진화하고 발전된다면 성공적인 브랜드 스토리가 될 수 있다. 이를 위해서는 스토리 크리에이티브(story creative)의 역할이 중요하다. 이들은 광고 크리에이티브(ad creative)처럼 새로운 스토리를 만들어야 한다. 단순한 스토리 아카이브(story archive)에서 이제는 스토리 크리에이티브로 진화하고 있다. 일반적으로 기업에서 스토리는 모아서 스토리 아카이브에 보관하고 관리해왔다. 하지만 여기서 멈추면 오래가지 못한다. 여기에 있는 콘텐츠들은 대부분 약간 따분하고 소비자들이 별 관심을 보이지 않을 이야기들이다. 진짜 승부는 스토리 크리에이티브에 있는 것이다. 브랜드 스토리

다수의 일반적인 소비자보다도 소수의 열렬하고도 뜨거운 관심을 보이는 소비자가 브랜드의 팬덤을 만들어간다.

#컬트브랜드

는 진화를 거듭해야 한다. 그저 들려주고, 듣고, 그것으로 끝나는 브랜드 스토리는 생명이 없다고 볼 수 있다. 생명이 없으니 진화하고 성장하는 것이 불가능하다. 하지만 진정으로 살아 있는 브랜드 스토리는 새로움이 더해지기도 하고, 다른 이야기와 결합하기도 하면서 진화를 거듭하게 된다.

이런 브랜드 스토리는 대부분 소비자가 주인공이 되는 스토리들이다. 기업의 입장에서 브랜드나 창업자가 주인공이 되는 스토리는 그 수명이 길지 못하다. 다른 이야기와의 결합도 쉽지 않다.

그러나 소비자가 주인공이 되고, 브랜드 경험이 주인공이 된다면 다르다. 이러한 브랜드 스토리가 점점 더 진화하여 브랜드문화를 만들어낸다. 브랜드가 오랫동안 사랑받고 잊혀지지 않기 위해서는 브랜드가 하나의 문화가 되어야한다. 이는 많은 브랜드가 궁극적으로 원하고 꿈꾸는 모습이다. 그만큼 이루기 힘든 일인데, 이를 위해 먼저 이루어져야 하는 것이 브랜드 스토리인 것이다. 그저 지금 당장 이야기를 들려주려, 분위기를 집중시키려 브랜드 스토리를 만들어서는 안 되는 이유도 여기에 있다. 하나의 이야기에서 다른 이야기로 넘어가는 것은 전혀 새로운 이야기를 하는 것이 아니다. 살이 붙고 경험이 더해지며, 감성과 공

소비자가 주인공인
브랜드 스토리는
새로움이 더해지고
다른 이야기와 결합하면서
진화를 거듭한다.

#브랜드문화 #매력

232

감이 늘어나는 것이라 할 수 있다. 그러니 처음 브랜드 스토리를 기획하고 준비할 때 궁극적으로 브랜드가 원하는 모습을 그려보는 것이 중요하다. 이는 작은 이야기를 하라는 것과 다른 것은 아니다. 장황하고 위대한 무언가를 이야기할 필요가 없다는 것이다. 소소하게 나눌 수 있는 이야기도 충분히 진화할 수 있고, 브랜드문화로 발전될 수 있다.

중요한 것은 우리가 브랜드 스토리를 통해 소비자들에게 어떤 매력을 느끼게 하느냐인 것이다. 매력적인 사람에게 우리는 한 번 더 눈길을 주고, 한마디 더 건네고 싶어 한다. 우리의 브랜드가 소비자들에게 그런 역할을 해야 한다.

# 브랜딩의 3대 포인트:
# 지속성, 확장성, 연결성

브랜드와 브랜딩에서 가장 중요한 세 가지 포인트는 지속성(sustainability)과 확장성(extension) 그리고 연결성(connectivity)이다.

누구나 한 번은 잘하고 성공시킬 수 있지만, 계속 끊임없이 오랫동안 잘하고 살아남는다는 것은 결코 쉬운 일이 아니다. 이러한 지속성이 브랜드의 생존력이라 할 수 있다. 브랜드 스토리에는 유효기간이 존재하기 때문이다. 유효기간을 연장시키는 것이 브랜딩의 지속성을 가져오는 것이고, 이를 위해서는 스토리 소스가 지속적으로 발굴되어야 한다. 스토리 소스에는 제품 개발과 콘셉트, 디자인, 디자인 철학, 브랜드 탄생의 배경, 브랜드 팬덤, 팝업이나 캠페인, 브랜드 개발자의 비화 등이 있다.

확장성이란 브랜드가 성장하고 성숙할수록 더욱 요구되는 속성이다. 새로운 제품 영역이나 하위 브랜드 론칭으로 확장할 수 있다. 우리가 하는 광고도, 마케팅 활동과 캠페인, 팝업 스토어조차도 새로운 스토리를 잉태하거나 기존 스토리의 숙성을 가져오지 못하면 실패하게 된다. 진정한 ROI(투자수익률, Return On Investment)의 척도는 단순한 숫자 몇천 개, 몇만 개가 아니라 스토리의 탄생이며 확산의 정도이다.

연결성은 브랜드 인기의 지름길이다. 세상에는 수많은 브랜드가 있다. 그들은 결코 평등하지 않다. 다들 자신이 최고라고 우기지만 하늘과 땅 같은 차이가 있다. 하지만 그들은 늘 평등하다. 브랜딩에 투자하고 스토리 인프라를 쌓아가는 브랜드는 후에 반드시 대접을 받는다. 콘셉트로 연결되고, 브랜드가 추구하는 가치와 꿈으로 이어져나가야 한다. 준거의 틀(frame of reference)이기도 하다. 배달 하면 배달의민족, 어른 놀이터라고 하면 야놀자가 생각나게 되는 것이 바로 성공한 브랜딩이 보여주는 연결성이라 할 수 있다.

이러한 세 가지 성공 요인의 원초적 출발점은 브랜드 스토리이다. 소비자들에게 매력적으로 느껴지는 브랜드 스토리가 제품과 브랜드 그리고 콘셉트의 지속성과 확장성, 연결성을 가능하게 하는 것이다.

한 번은 잘하고 성공시킬 수 있지만 계속 끊임없이 오랫동안 잘하고 살아남는다는 것은 결코 쉬운 일이 아니다.

#지속성 #확장성 #연결성

# 브랜드 스토리를 브랜드 '가치'로

브랜드 스토리는 생명을 가지고 있다. 소비자들 사이에서 살아 숨 쉬고 있는 브랜드 스토리를 그냥 놔둔다면 자연히 숨은 멈추고 생명은 끝나게 된다. 한번 숨을 멈춘 브랜드 스토리에 새로운 생명을 불어넣는 것은 쉬운 일이 아니다. 우리가 브랜드 스토리를 끊임없이 주목하고 발전시키고 이어가야 하는 이유가 여기에 있다.

나는 2009년 'Idea Doctor 이장우 박사'라는 퍼스널브랜드를 만든 후 지금까지 다양한 서브 브랜드를 만들어 활동을 이어오고 있다. 핵심 활동인 브랜드 마케팅 외에 커피, 맥주, 여행, 인공지능 등 다양한 분야로 넓혀가는 중이다. 다른 활동을 할 때는 각기 다른 브랜드를 사용한다. 커피에 대해 강연하거나 책을 집필할 때는 커피스트로, 맥주에 대해 강연하거나 글을 쓸 때면 비어 소믈리에로 활동한다. 일 년에 1/3 이상을 여행으로 보내며 여행 관련 콘텐츠를 만들고 강연을 할 때는 강연여행가라는 브랜드를 활용하고 있고, 인공지능 책을 집필하고 칼럼을 쓰고 강연을 할 때는 AI 이모셔니어(emotioneer)이다.

지금까지 꾸준히 새로운 브랜드 스토리를 만들어온 것인데, 흥미롭게도 나의 이런 활동에 대해 공감하고 받아들이는 사람들이 대부분이다. 과연 무엇 때문일까? 나는 무엇보다 브랜드가 나와 어떤 연관성이 있는지에 대해 끊임없이 설명해왔다. 직접적으로 강연이나 인터뷰를 통해서도 이야기했고, 책이라는 콘텐츠를 통해서도 전달해왔다. 아울러 SNS를 통해서도 지속적이고 전략적으로 노출시키면서 자연스럽게 나의 브랜드 스토리를 전달해온 것이다. 미국 포틀랜드에서 바리스타 자격증을 취득한 스토리는 책을 통해 소개했고, 프랑스에서 쇼콜라티에 자격증과 치즈 제조 관련 자격증을 취득했던 것은 SNS를 통해 모두 공개했다. 이외 영국에서 맥주 공부를 한 것도 강연과 칼럼을 통해 지속적으로 이야기해왔다. 이 모든 것은 10년이라는 시간 동안 꾸준히 이어온 것이다. 때문에 나의 모든 활동을 알지는 못하더라도 내가 무언가 새로운 도전을 하고 그에 따른 브랜드를 만들어가는 것에 대해서 이해하는 사람들이 늘어난 것이다. 바로 이것이 브랜드 스토리가 숨을 이어갈 수 있게 하는 방법이 되어주었다.

기업에게도 이런 지속적인 노력이 필요하다. 한순간 반짝하는 브랜드 스토리로 인기를 얻을 수는 있지만, 그것이 브랜드 가치와 연결되지는 못한다. 인기와 관심보다는 전략적으로 보이고(be seen), 소비자들이 생각하게끔 하고(be thought), 또한 계속해서 찾아보게 하는(be demanded) 브랜드 스토리가 되어야 한다. 우리는 누구나 이야기할 수 있는 자유와 함께 이야기를 즐길 수 있는 즐거움을 가지고 있다. 그 즐거움을 충족시킬 수 있는 브랜드 스토리야말로 성공을 바라는 브랜드에게 꼭 필요한 것이다. 이런 브랜드 스토리가 판을 뒤집어 새로운 기회를 만들어줄 것이다.

# 이 책에 영감을 불어넣어준 책들

「스토리텔링의 비밀」 마이클 티어노, 아우라, 2008

「브랜드 스토리마케팅」 김훈철, 멘트로, 2006

「스토리 이코노미」 존 실리 브라운, 살림Biz, 2008

「스토리텔링으로 성공하라」 스티븐 데닝, 을유문화사, 2006

「스토리의 마법」 정선혜, 21세기북스, 2012

「브랜드 스토리전략」 김훈철, 다산북스, 2011

「문화콘텐츠, 스토리텔링을 만나다」 최혜실, 삼성경제연구소, 2006

「브랜드에겐 스토리가 힘이다」 브랜드 스토리랜드, 다산북스, 2008

「브랜드가 말하게 하라」 김태욱, 커뮤니케이션북스, 2012

「스토리보드의 이해」 박연웅, 상상공방, 2006

「브랜드 스토리 디자인」 호소야 마사토, 비엠케이, 2019

「매혹적인 스토리텔링의 탄생」 김태원, 다람북, 2019

「브랜드 인문학」 김동훈, 민음사, 2018

「브랜드 스토리텔링」 김태욱, 커뮤니케이션북스, 2016

「손을 잡는 브랜딩」 한지인, 한겨례출판사, 2020

「스페이스 브랜딩」 김주연, 스리체어스, 2020

「다를수록 좋다」 김명철, 샘터, 2020

「Storynomics」 Robert Mckee, Hachette, 2018

「Building a Story Brand」 Donald Miller, HarperCollins, 2017

「Story Driver」 Berandette Jiwa, Perceptive, 2018

「Winning the Story Wars」 Jonah Sachs, HBR, 2012

「Unique」 Phil Cooke, Regal, 2012

「True Story」 Ty Montague, HBR, 2013

「Whoever tells the story wins」Annette Simmons, AMACOM, 2007

「The storytelling Animal」Jonathan Gottschall, First Mariner, 2012

「The story Factor」Annette Simmons, Basic Books, 2006

「Storytelling: Branding in practice」Klaus Fog, Springer, 2004

「StoryBranding」Jim Signorelli, Greenleaf, 2012

「Wired for Story」Lisa Cron, Ten Speed, 2012

「What's your story?」Ryan Mathews, FT, 2008

「The power of visual storytelling」Ekaterina Walter, McGraw Hill, 2014

「The storyteller's Secret」Carmine Gallo, St. Martin's Press, 2016

「StoryScaping」Gaston Legorburu, Wiley, 2014

「Captivate」Adam B. Nisenson, ANCG, 2010

「Lead with a story」Paul Smith, AMACOM, 2012

「All Marketers are Liars」Seth Godin, Portfolio, 2005

「The Choice Factory」Richard Shotton, Harriman House, 2018

「개념설계의 시대」전인수, 살림, 2019

「Creative Struggle」Gaving A Than, Andrews McMeal, 2018

「AI도 모르는 소비자 마음」박소윤, 레모네이드앤코, 2020

「디스 이즈 브랜딩」김지헌, 턴어라운드, 2019

「The Iconist」Jamie Mustard, BenBella Books, 2019

「빅데이터는 어떻게 마케팅의 무기가 되는가」윤미정, 클라우드나인 2020

「라이브커머스 성공전략」이현숙, 서사원, 2020

「90년대생 소비트렌드 2020」곽나래, 더퀘스트, 2019